사르비아 총서 · 648

아름다워라 청춘이여

H. 헤세 | 박환덕 옮김

범우사

차례

이 책을 읽는 분에게 · 5

아름다워라 청춘이여 · 13

라틴어학교 학생 · 75

인도 기행 · 129

연보 · 229

이 책을 읽는 분에게

　헤세의 대부분의 작품이 그러하듯이 이 책에 실린 작품들은 모두 그의 소년시절의 자화상이나 그의 고향 쉬바벤에 얽힌 이야기가 아니면, 그의 여행에서의 체험과 관찰을 여과시켜 소설의 형식으로 기록한 것들이다.
　그러므로 그의 작품들은 순수한 픽션이라고 하기가 이상할 정도로 작가와 작품이 한 덩어리를 이루고 있으며, 바로 이러한 이유로 그의 대부분의 작품은 자전적自傳的 요소를 짙게 풍기고 있다.
　〈아름다워라 청춘이여〉, 〈라틴어학교 학생〉은 그의 소년시절과 학창시절에 겪었던 크고 작은 사건을 회상하여 거기에 새로운 의미를 부여하고 새롭게 조명하여, 그것들을 통해 한인간이 내면적으로 어떻게 성숙해 가는가 하는 문제를 다루고 있다고 할 수 있다.

시인이 되려고 해서 되는 경우란 고금을 통하여 극히 드물다. 그러나 헤르만 헤세의 경우는 전혀 다르다. 그는 어려서부터 시인이 되려고 했었기 때문이다. 열세 살 때 이미 그는 '시인 이외에는 아무것도 되고 싶지 않다'고 명료하게 자각하고 있었다.

시인이 되려고 마음먹은 소년 헤세는 가족으로부터나 학교 교사로부터, 또는 주위 사람으로부터 바보 취급을 당했다. 이처럼 외롭게 자란 그는 학교에서도 직장에서도 환영을 받지 못하고 전전하다가 마침내는 서점 점원으로 자활의 길을 연다. 그러는 동안에도 그는 시인이 되겠다는 일념을 버리지 못한다. 그로부터 몇 년이 지난 후 그의 나이 27세에 출세작 〈페터 카멘친트〉를 발표함으로써 마침내 점원 생활을 면할 수가 있었다.

이때부터 시인의 생활이 시작되었는데, 시인이 된 뒤에도 그는 고독했다. 그는 인도에서 기독교의 포교 활동을 한 조부모를 통하여 일찍이 동양 종교에 관심을 가지고 있었다. 동·서양의 정신을 끈기 있게 모색하고, 또한 괴테와 도스토예프스키처럼 노자老子, 공자孔子, 역易, 선禪을 섭취하여 소위 세계 신앙을 내세우면서도 그는 언제나 '혼자 가는 사람'을 고집하였다. 그는 일찍이 자기 자신을 '아웃사이더'라고 부르고, 언제나 자기에게 충실한 '도道'를 정하여 신神을 구했다.

또한 그는 제 1, 2차 세계대전에 임해서는 인간과 생활의 가치를 지키고, 그것이 살아 있어야만 한다는 사실을 나타내는 것만이 문학자의 사명이라고 강조하면서 순수한 휴머니즘의 입장에서 전쟁에 반대하여 평화를 지키는 것을 글과 실천으로 옮겼다.

그랬기 때문에 그는 2차대전이 끝나자마자 1946년 노벨상을 타게 되었는지도 모른다.

헤세는 1911년 여름에 화가 한스 슈투르 에거와 함께 아시아 여행을 떠났다.

헤세 자신은 훗날 이 여행을 유럽으로부터의 도주逃走라고 일컫고 있다. 유럽의 시끄러운 상업주의, 불안, 쾌락벽快樂癖 등을 증오하고, 인도印度에 대한 동경憧憬 등이 원인이 되어 이 여행을 하게 된 것이리라.

물론 독일의 남단 가이엔호펜에서의 7년간의 원시적인 전원생활田園生活도 이미 물심양면物心兩面으로 기계화에 대한 저항과 대량생산의 문명으로부터의 도피를 의미하지만, '유럽에 지친' 헤세의 기분을 달랠 수는 없었을 것이다.

헤세는 제노바에서 배에 올라, 지중해·홍해·인도양을 거쳐 일로 말레이시아를 향하여 페낭에 상륙했다. 조부모 및 부모와 인연이 깊은 인도 본토에는 들르지 않고 또 인도에 못지않게 마음이 끌려 있던 중국에도 가지 않고서 말레이시아, 수마트라, 실론을 편력하고서 귀국한다. '수에즈운하에서의 밤'으로 시작되는 이 여행기는 21편의 짧은 기행문이다. 인도는 동경의 나라였는데, 이 기행문에는 그것에 걸맞는 정신의 고양高揚은 찾아볼 수 없고, 다만 식민지 문화에 대한 실망과 열대지방의 여행에서 얻어진 피로만이 전체의 밑바닥에 흐르고 있다.

물론 헤세는 동양인의 생태에 대하여 흥미를 느낀다. 특히 중국인이 비록 그늘에서 살고 있지만 끝내 우월감을 잃지 않고 근면하게 생활하며 언제나 우아한 미소를 간직하고 있는 데 감탄한다. 페낭에서 본 중국인의 고전극은, 그 음악성과 동작이 뛰어나 유럽의 어느 오페라에도 뒤지지 않는 조화를 이루고 있는 데 놀란다. 그러나 한편 중국인의 잔인성, 일본인의 교활성, 말레이시아인의 도벽盜癖에 대해서는 아연해한다.

헤세가 아시아에서 가장 강한 인상을 받은 것은 힌두교도나 이슬람교도, 불교도들이 각기 그들의 종교에 열중하고 있는 점이었다. 빈부귀천을 막론하고 그들은 종교를 갖고 있었다. 그 종교는 외면화되고 부패하고 저급하긴 했으나, 태양이나 대기와 마찬가지로 강력하게 편재遍在하고 있는 생명의 흐름이었다. 서구西歐가 이성理性과 기술을 호흡하고 있듯이 동양 전체가 종교를 호흡하고 있었다. 헤세의 눈에는, 마치 북부 유럽인이 영원히 고갈하지 않는 신비로운 샘에서 솟아오르는 망아적忘我的인 감정을 만끽하듯이 이슬람교도와 불교도가 그러한 감정을 마음껏 맛보고 있음을 보았다. 헤세는 이 글의 끝부분에서 이렇게 술회하고 있다 —'인도와 중국 사이 어디엔가에서 만족과 종교가 발생했으며, 거기에 인류의 뿌리와 생명의 원천原果이 있다.'

　한편 헤세는 이 여행에서 비록 인종人種은 다르나 인간은 모두 하나라는 사실을 깨닫게 된 것이 가장 큰 수확이었다고 훗날 쓰고 있다. 인류는 모두 하나의 동포이고, 정신적으로 모두 평등하다고 느낄 때에 비로소 인종의 차이가 참된 의미에 있어서 매력을 갖게 된다. 대립 분열하지 않고 조화를 이루어 하나가 되어 있는 것이 다채로운 꽃을 피게 한 상태라고 생각하기 때문이다. 아시아인들과는 비록 언어는 통하지 않는다 하더라도 그들의 혼魂은 자신의 혼과 동일하다고 그는 느꼈다. 비참한 굴욕의 생활을 하고 있는 아시아인을 직접 보고서도 우월감으로서가 아니라 평등한 동포감을 체험한 것은 헤세의 휴머니즘이 얼마나 뿌리깊은 것인가를 말해 주고 있다.

　헤세는 또한 이 여행을 통해서 물질적으로 병든 유럽을 경원하고 정신적인 아시아를 동경하던 그러한 기분에서 해방될 수 있었다. 왜냐하면 그에게는 이제 아시아와 유럽을 구별하는 것은 의미 없는 일로 여겨졌기 때문이다. 즉 그는 유럽과 아시아로부터 동시에 해방될 수 있었다.

'고독자', '혼자 가는 사람'이라고 스스로를 일컬은 헤세는 1919년에 독일을 떠나 스위스로 옮겨 누구와도 타협하지 않은 채 혼자서 창작에 몰두하다가 1962년에 세상을 떠났다.

그는 떠나고 없지만, 그가 남긴 작품들은 세대를 거듭해도 끊임없이 내면의 성찰에 의해 자기를 탐구하고 또한 탐구해 가려는 많은 젊은이들의 마음을 울릴 것이다.

옮긴이

아름다워라 청춘이여

아름다워라 청춘이여

아저씨 마트호이스까지도 언제나 기쁠 때 하는 그 특유한 제스처로 나를 반가이 맞아주셨다. 한 젊은이가 여러 해 동안 객지에서 떠돌다가 제법 의젓한 모습으로 고향에 돌아오게 되면 아무리 무뚝뚝한 친척이라도 미소를 지으며 반갑게 손을 잡아주게 마련이다.

소지품을 넣은 나의 조그마한 갈색 트렁크는 아직 새것이나 다름없었고, 멋진 자물쇠와 번쩍이는 가죽 끈이 달려 있었다. 그 속에는 깨끗한 두 벌의 양복, 깨끗이 세탁한 여러 벌의 내의, 새로 구입한 장화 한 켤레, 몇 권의 책, 여러 장의 사진, 멋진 파이프 두 개, 그리고 휴대용 피스톨 한 자루가 들어 있었다. 그밖에도 나는 바이올린 상자와 자질구레한 일용품을 가득 넣은 배낭, 모자 두 개, 짧은 지팡이, 우산, 그리고 가벼운 망토와 고무신 한 켤레를 갖고 왔었는데, 모두 새

것으로서 튼튼한 것들이었다. 뿐만 아니라, 가슴 안주머니 속에는 2백 마르크가 넘는 저축금을 꿰매 가지고 있었으며, 또한 가을부터 일할 수 있는 외국에서의 좋은 일자리를 약속한 편지도 들어 있었다. 무엇보다도 나는 이것들을 모두 운반하는 데 꽤 애를 먹었다. 어쨌든 나는 오랫동안 객지를 방황하다가 지금 이렇게 당당한 모습으로 한 사람의 신사가 되어 일찍이 천진난만한 홍안紅顔 소년으로 떠났던 고향에 돌아오게 된 것이다.

기차는 조심스럽게 언덕을 굽이굽이 돌아 천천히 내리막 길을 달리고 있었다. 굽이를 돌 때마다 눈 아래 보이는 도시의 집들이며, 골목길, 개울, 정원들이 점차로 시야에 가까워지면서 한결 분명히 돋보이는 것이었다. 나는 곧 그 많은 지붕들을 하나하나 분간할 수 있었고, 그 중에서 제일 눈익은 것들을 찾아냈다. 어느 새 창문들도 세어볼 수 있을 정도로 가까워졌으며, 황새 둥지들도 곧 눈에 띄었다. 골짜기를 보자 유년시절, 소년시절, 그 밖의 여러 가지 옛날의 일들이 연상되었다. 이와 동시에 저 아래 모여 사는 고향 사람들을 놀라게 해 주려던 내 화려한 허영심과 기쁨은 점점 사라지고 그 대신 나는 새삼 감사와 경탄에 사로잡히는 것이었다. 세월이 흘러감에 따라서 내게서 날로 멀어져 가던 향수鄕愁는 마지막 15분을 앞두고 벅차게 되살아났다. 정거장 구내에 있는 등나무의 덩굴도, 정월의 낯익은 울타리들도, 나에게는 매우 귀한 존재가 되어 있었다. 그리하여 지금까지 내가 오랫동안 그것들을 잊고 지내 온 데 대하여 마음속으로 용서를 빌었다.

기차가 우리집 정원 옆을 지날 때에 맨 위 창가에서 누군가가 커다란 손수건을 흔드는 것이 눈에 띄었다. 그것은 분명 아버지였을 것이다. 그리고 베란다에는 어머니와 가정부가 역시 손수건을 흔들며 서 있었다. 제일 높은 굴뚝에서는 한창 커피를 끓이는 희미한 연기가 공중에 솟아올랐다가는 멀리 시가市街 위로 사라져 갔다.

이제 이 모든 것이 다시 내 것이 된 것이다. 이것들은 나를 기다리고 있었으며 나를 반가이 맞아 주었다.

정거장에는 수염을 텁수룩하게 기른 늙은 짐꾼이 옛날과 마찬가지로 흥분한 얼굴로 이리 뛰고 저리 뛰며 사람들을 마구 밀치고 있었다. 이 사람들 틈에서 나는 누이와 남동생을 찾아냈다. 그들은 나를 기다리고 있었다. 남동생은 손수레를 가지고 나와 있었다. 내가 무척 어렸을 때에 짐을 나를 때마다 언제나 남에게 자랑하던 그 손수레였다. 우리는 트렁크와 배낭을 그 위에 실었다. 남동생 프리츠가 수레를 끌고, 나와 여동생은 그 뒤를 따랐다.

누이는 나에게 머리를 너무 짧게 깎았다고 나무랐으나, 내가 기른 수염은 근사하고, 트렁크도 마음에 든다고 했다. 우리들은 계속 웃어대면서 서로 쳐다보기도 하고 때로는 손을 맞잡기도 하며 앞에서 손수레를 끌며 가끔 뒤를 돌아보는 프리츠에게 고개를 끄덕여 보였다. 프리츠도 어느 사이에 나만큼이나 키가 커졌고 어깨가 떡 벌어진 당당한 체구를 하고 있었다. 프리츠가 앞에서 수레를 끌고 가는 동안 나는 어린 시절에 가끔 싸움 끝에 곧잘 그를 때려 주던 생각이 났다. 순간 그 당시 프리츠의 일그러진 얼굴과 상기된 두 눈이 머리에 떠올랐다. 그리고 화가 가신 뒤에는 후회하던 생각이 되살아났다. 그러나 지금 프리츠의 걸음걸이는 제법 어른이 되어 있고, 턱에는 벌써 금빛 구레나룻이 숭숭 솟아 있지 않은가! 우리 일행은 벚나무와 물푸레나무 가로수가 늘어선 한길을 지나 개울 위쪽 다리를 건너, 새로 생긴 가게와 이웃집 곁을 지나갔다. 옛날과 조금도 다름없었다. 이윽고 다리 한 끝에 이르자 거기 언제나 창문을 활짝 열어젖힌 우리집이 보였다.

울 안에서 앵무새 우는 소리가 들려왔을 때, 추억과 기쁨으로 내 심장은 마구 뛰었다. 현관까지 이르는 길은 숲이 우거져 서늘하고 어둑어둑했다. 커다란 석조石造로 된 현관을 지나 나는 층계를 빨리 올라갔다. 아버지가 나를 반가이 맞아주었다. 아버지는 나를 부둥켜안고서 키스를 하고는 얼굴에 미소를 지으며 내 어깨를 툭툭 치시는 것이었다. 이어서 내 손을 잡고 2층 복도를 지나 문 앞까지 데리고 가셨다. 거기에는 어머니가 계셨다. 어머니는 나를 보더니 와락 내 목을 껴안으셨다. 심부름하는 크리스티네도 나에게 달려와 손을 내밀며 악수를 청했다. 그러고는 커피가 마련되어 있는 방으로 들어갔다. 앵무새 폴리에게 가벼운 윙크를 했더니 곧 나를 알아보았는지 들창 가에서 내 손 위로 내려와 등이라도 쓰다듬어 주기를 바라는 듯이 아름다운 잿빛 머리를 다소곳이 수그렸다.

방은 새로 도배를 하여 산뜻하게 보였지만, 그밖에 조부모님의 초상화를 비롯하여 유리창에서부터 고풍스런 라일락 꽃이 그려진 탁상시계에 이르기까지 모두가 옛날 그대로였다. 찻잔들이 탁자 위에 놓여 있었는데 그 중에서도 내 찻잔에는 작은 물푸레나무(木犀草) 꽃이 꽂혀 있었다. 나는 그 꽃을 단추 구멍에 꽂았다.

내 앞에는 어머니가 앉아, 언제까지나 나를 지켜보고 계셨다. 식탁 위에는 우유 빵이 차려 놓아져 있었다. 어머니는 나에게, 이야기에 열중하느라고 먹는 것을 소홀히 해서는 안 된다고 걱정하셨다. 그러면서도 어머니 자신부터 이것저것 연달아 묻는 바람에 나는 이 물음 하나하나에 자상하게 대꾸해 드릴 수밖에 없었다. 아버지는 잠자코 내 이야기를 듣고 계시면서 반백(半白)의 수염을 쓰다듬고 안경 너머로 정다운 시선을 던지곤 하셨다. 나는 내가 직접 체험한 일들에 대하여 사실대로 이야기하는 동안, 세상에서 가장 좋은 것은 역시 부모라는 사실을 절실히 느꼈다.

고향에 돌아온 첫날밤에는 그 동안 언제나 그리워하던 우리집 이외에는 아무것도 보고 싶지 않았다. 그 밖의 것들은 내일도 있고 또 시간이 충분히 있으니 뒤로 미루었다.

커피를 마신 다음 나는 가족들과 함께 여러 방과 부엌, 복도, 헛간 등을 두루 살펴보았다. 모두가 거의 옛날 그대로의 모습이었다. 혹시 내가 한두 가지 새로운 것을 찾아내면 다른 식구들은 이미 눈에 익은 탓으로 전에도 있었던 것이 아니냐면서 실랑이를 벌였다.

산허리에 자리잡은, 등나무로 에워 싸인 작은 정원에는 오후의 태양이 내리비치고 있었다. 깨끗한 길들과 종유석들, 절반쯤 담긴 물통, 그리고 형형색색의 화려한 화단에는 햇살이 내리쬐어 갖가지 꽃들이 만발해 있었다. 우리는 베란다에 놓인 안락의자에 앉았다. 거기엔 산매화의 크고 투명한 잎사귀를 통하여 햇살이 따사롭고 연푸르게 비치고 있었으며, 잎사귀 사이를 길 잃은 몇 마리의 벌이 붕붕거리며 헤매고 있었다. 아버지는 모자를 벗고서 내가 집에 돌아온 것에 대한 감사기도를 올렸다. 우리는 아버지와 함께 나란히 서서 조용히 손을 모았다. 나는 좀 서먹서먹하고 형식에 치우친 듯한 기도가 비위에 거슬렸으나, 그립던 목소리를 즐거운 마음으로 듣고 난 다음 다른 식구들과 마찬가지로 '아멘' 하고 감사했다.

그리고 아버지는 서재로 가시고 형제자매는 밖으로 나갔다. 주위는 조용해지고 나는 어머니와 단 둘이서만 탁자 옆에 앉아 있었다. 오랫동안 즐거운 마음으로 기다렸던 순간이요, 또 두렵기도 하던 순간이었다. 나의 귀향을 모두들 즐거운 마음으로 반가이 맞아 주었으나, 이 몇 해 동안의 내 사생활은 결코 순결했다고는 말할 수 없었기 때문이었다.

어머니는 온정에 넘치는 아름다운 눈으로 나를 유심히 바라보셨다. 무엇부터 묻고 무슨 말을 하는 것이 좋을지 생각하고 계시는 것 같았다. 나는 얽매인 사람처럼 조용히 앉아서 시험이라도 치르는 마음으로 손가락을 만지작거리고 있었다. 이 시험에 낙제할 것 같지는 않았지만, 좀 수치스러운 꼴을 당할지도 모른다는 생각이 들었다.

어머니는 잠시 동안 내 눈을 조용히 바라보시고는, 당신의 조그마한 아름다운 손으로 내 손을 잡으셨다.

"너는 지금도 가끔 기도를 드리니?"

어머니는 나직한 목소리로 이렇게 물으셨다.

"최근에는 그렇지 못했어요."

나는 이렇게 대답할 수밖에 없었다. 어머니는 좀 걱정스러운 얼굴을 하시고서 나를 바라보셨다.

"다시 기도를 하게 되겠지."

어머니는 말씀하셨다.

"글쎄요" 하고 나는 대답했다.

어머니는 잠시 묵묵히 앉아 계시다가 다시 입을 열어 이렇게 물으셨다.

"그러나 너는 훌륭한 사람이 되겠다고 나에게 약속할 수 있겠지?"

나는 "네" 하고 대답했다. 그러자 어머니는 어려운 질문을 하는 대신에 내 손을 만지며 내가 새삼 고백 같은 것을 하지 않아도 나를 믿을 수 있다는 듯이 고개를 끄덕이셨다. 그런 다음 어머니는 내 옷가지며 빨래에 대해 물으셨다. 최근 2년 동안 나는 세탁물이나 꿰맬 옷들을 일체 집에 보내지 않았기 때문이었다.

"내일이라도 짐을 조사해야겠다."

어머니는 나의 여러 가지 사정 이야기를 듣고는 이렇게 말씀하셨다.

이리하여 모든 시험은 일단 끝났다.

이때 누이가 나를 데리러 왔다. 이른바 '아름다운 방'에서 누이는 피아노 앞에 앉아, 옛날에 함께 노래 부르던 악보를 꺼냈다. 오랫동안 들어보지 못했고 불러보지도 못했지만 결코 잊을 수 없는 옛 노래였다. 나는 누이와 함께 슈베르트와 슈만의 가곡을 노래하고, 그러고는 질헤르집集을 꺼내 저녁 식사 때까지 독일을 비롯하여 여러 다른 나라의 민요를 노래했다. 누이가 식사 준비를 하는 동안, 나는 앵무새와 말을 주고 받았다. 이름은 여자 이름이었지만 남성男性으로 하여 '데르der' 폴리라고 부르기도 했다.

폴리는 말을 잘했다. 우리들의 목소리와 웃음소리를 곧잘 흉내 내어 우리 식구들과는 누구하고든지 우정을 맺고 있었다. 그러나 거기에는 어느 새 친·불친親不親의 등급이 있었다. 즉 아버지와는 각별히 친하여 무엇이고 아버지가 하자는 대로 했다. 그 다음에 친한 것은 남동생, 어머니, 이러한 순서로 내려갔는데, 마지막으로 누이에게는 일종의 불신감을 갖고 있었다.

폴리는 우리집에서 기르는 유일한 동물로, 20년 동안이나 어린아이처럼 귀염을 받아온 처지였다. 폴리는 대화와 웃음과 노래를 좋아했다. 그러나 너무 가까운 곳에서 들리는 것은 싫어했다. 혹 새장 안에 혼자 있게 되고, 옆방에서 이야기하는 소리가 들려오면 곧 귀를 기울여 엿듣다가는 그대로 흉내 내고서 기분이 좋아 마치 무슨 풍자라도 하는 듯이 크게 웃는 것이었다. 가끔 혼자 그대로 내버려두면, 쓸쓸한 얼굴을 하고 나뭇가지에 올라앉아 있었고, 조용한 방을 태양이 따뜻이 비쳐주면 즐거운 목소리로 생을 노래하며 마치 하나님을 찬양하는 듯하였다. 그것은 피리 소리와 비슷하였다. 마치 혼자서 놀던 어린아이가 저도 모르게 부르는 노래처럼 순수하고 우아하고 친밀하게 들려오는 것이었다.

나는 저녁식사를 마친 다음, 뜰에 물을 주는 데 반 시간이나 걸렸다. 물에 젖어 더럽혀진 옷을 입은 채 집 안으로 들어갔을 때 귀에 익은 듯한 아가씨의 목소리가 복도를 통하여 들려왔다. 나는 재빨리 손수건으로 젖은 손을 닦고 방으로 들어갔다. 방에는 연한 오렌지 빛 옷을 입고 가장자리가 널따란 밀짚 모자를 쓴 아가씨가 앉아 있었다. 키가 큰 아름다운 아가씨였다. 그녀는 나를 바라보자 자리에서 일어나, 나에게 손을 내밀었다. 나는 그녀가 내 누이의 친구이며, 전에 나와 사랑을 속삭인 일이 있는 헬레네 쿠르츠라는 것을 곧 알아차렸다.

"나를 알아보겠어요?" 하고 나는 마음이 흐뭇하여 물었다.
"집에 돌아오신다는 소식은 로테에게서 들었어요."
그녀는 상냥스러운 목소리로 이렇게 말했다.

그러나 나는 그녀가 다만 내 물음에 간단히 "네" 하고 대답했더라면 더욱 기뻤을 것이다. 그녀는 키도 훨씬 자랐지만 용모도 한결 아름다워졌다. 나는 더 할 말이 없어 묵묵히 앉아 있다가는 그녀가 어머니와 로테와 이야기를 나누는 사이에 창가에 있는 꽃으로 다가갔다.

나는 거리를 내려다보았다. 손으로는 제라늄 잎사귀를 매만지고 있었으나 마음은 거기에 있지 않았다. 머릿속에는 어느 추운 겨울날 저녁이 떠올랐다. 양쪽으로 높은 버드나무가 늘어선 강 위에서 스케이트를 타고 있는 한 아름다운 소녀의 모습을 나는 멀리에서 뒤쫓고 있었는데, 그녀는 얼음판 위에서 겁을 먹고서 반원을 그리고 있었다. 아직 숙달되지 못하여 동행한 다른 소녀에게 손을 잡혀 이끌리고 있었다.

그녀의 목소리는 전보다 더욱 명랑하고 저음으로 울렸으

나, 어쩐지 좀 서먹서먹했다. 그녀는 이미 성숙한 숙녀가 되어 있었다. 나는 그녀와 같은 또래라고는 도저히 생각할 수 없고 또 그녀와 맞설 수도 없을 것 같았다. 나는 아직도 열다섯의 철부지 같은 생각이 들었다. 그녀가 돌아갈 때에 나는 다시 손을 내밀며 필요 이상으로, 그리고 비꼬는 심정으로 정중하게 인사를 하고는 이렇게 말했다.

"안녕히 가십시오, 쿠르츠 양!"

"그녀는 자기 집으로 갔을까?" 하고 나는 나중에 누이에게 이렇게 물었다.

"그럼 어딜 갔겠어요?" 하고 로테는 반문했다. 나는 더 이상 말하고 싶지 않았다.

열 시 정각에 문단속을 하고는 아버지와 어머니는 자리에 들었다. 아버지는 잘 자라고 키스하시면서 내 어깨에 손을 얹고 나지막한 목소리로 이렇게 말씀하셨다.

"집에 다시 돌아온 것은 잘한 일이다. 너도 역시 기쁘겠지."

식구들은 모두 잠자리에 들었다. 가정부도 역시 좀 전에 안녕히 주무시라는 인사를 하고는 자기 방으로 갔다. 잠시 동안 문이 몇 번 열렸다 닫혔다 하고는 곧 온 집안은 깊은 고요 속에 잠겼다.

나는 미리 맥주 한 병을 찬물에 채워 두었다가 내 방 탁상에 갖다 놓았다. 우리집은 거실에서는 금연으로 되어 있어서 나는 이제서야 파이프에 담배를 담아 불을 붙여 물었다. 내

방의 두 창문은 어두컴컴하고 고요한 안뜰을 향해 나 있었다. 그리고 이 안뜰에서는 위쪽으로 돌층계를 통하여 후원(後園)에 이르게 되어 있었다. 후원에는 전나무가 새카맣게 하늘 높이 솟아 있었으며 그 위에 별들이 초롱초롱 빛나고 있었다.

나는 한 시간 이상이나 그대로 방 안에 앉아 있었다. 램프를 에워싸고 가는 털이 난 깔따구들이 날아다니는 것을 바라보면서 나는 열린 창문가로 천천히 담배 연기를 내뿜고 있었다. 고향과 소년시절의 연상들이 길게 열을 지어 조용히 내 마음속을 스쳐갔다. 여러 사람의 얼굴이 번갈아 묵묵히 떠올라와 잠시 빛나는가 하면 다시 바닷물결처럼 사라지곤 했다.

아침이 되자 나는 나의 고향과 고향의 친지들의 마음에 들도록 가장 훌륭한 옷을 챙겨 입었다. 나는 그 동안 객지에서 잘 지냈으며, 또 결코 초라한 모습으로 돌아오지 않았다는 증거를 보여주기 위해서였다. 이 고장 좁은 골짜기 위에는 여름 하늘이 파랗게 빛나고 훤한 한길에는 먼지가 가볍게 일고 있었다. 이웃의 우체국 앞에는 산골에서 온 우편마차들이 늘어서 있었고, 아이들은 골목길에서 털실 공을 굴리며 즐겁게 뛰놀고 있었다.

나는 제일 먼저 이 도시에서 가장 오래된 건축물인 돌다리를 건너 보았다. 그러고는 다리 옆의 고딕식 작은 교회를 바라보았다. 옛날에 몇천 번이나 그 옆을 지나던 낯익은 교회였다. 그리고 나는 난간에 기대어 서서 급히 흐르는 푸른 물결에 나의 시선을 여기저기 던져 보았다. 바람벽에 하얀 수레바퀴가 그려져 있던 물레방앗간은 어느새 사라지고, 그 자리에는 커다란 벽돌집이 새로 들어앉아 있었다. 그 밖에는 이전과 달라진 곳이라고는 한 군데도 없었다. 수많은 거위와 집오리가 개울과 언덕 부근에서 떼지어 놀고 있는 모습도 예전과 마찬가지였다.

다리를 건너 맨 처음에 만난 친지는 피혁공이 된 동창생이었다. 그는 번쩍이는 오렌지 빛 앞치마를 걸치고 이상한 눈초리로 나의 아래 위를 훑어보고 있었으나, 잘 몰라보는 눈치였다. 나는 빙그레 웃으면서 그에게 머리를 한번 끄덕여 보이고는 다시 천천히 걸어갔다. 그는 내 뒷모습을 물끄러미 쳐다보면서, 여전히 생각에 잠겨 있었다. 나는 그의 공장 옆을 지났다. 창문을 통해 하얀 수염의 대장장이 영감에게 인사를 하고 선반 공장을 기웃거렸다. 주인 영감은 바퀴를 빙빙 돌리고 있었으며, 나에게 담배를 권했다.

나는 거기서 다시 맑은 샘이 솟는 정다운 시청 앞 광장으로 나갔다. 거기에는 여전히 서점이 자리하고 있었다. 몇 해 전에 이 가게의 늙은 주인은 내가 하이네의 작품을 주문했다 해서 나쁜 소문을 퍼뜨린 적이 있었으나, 나는 그 안에 들어가서 연필 한 자루와 그림엽서 한 장을 샀다. 여기에서 학교까지는 멀지 않았다. 나는 오래된 학교 건물을 지나가면서 바라보았다. 그러나 교문 앞에서 어쩐지 불만스러운 학교 분위기를 알아차리고는 곧 교회와 목사 댁을 향하여 한숨을 내쉬면서 도망쳐 나왔다.

이어서 두서너 조그마한 골목길을 배회하다가 이발소에서 면도를 하고 나니 벌써 열 시가 되었다. 마트호이스 아저씨를 방문할 시간이 된 것이다. 나는 훌륭한 뜰을 지나 아담한 아저씨 댁으로 들어가서, 서늘한 현관에서 양복바지의 먼지를 털고 방문을 노크했다. 안으로 들어가니 아주머니와 두 딸이 바느질을 하고 있었다. 아저씨는 이미 나가고 없었다. 아저씨 댁은 구석구석 깨끗이 청소돼 있었고, 엄숙한 고풍古風이 감돌고 있었다. 다소 엄격하고 실리적實利的인 분위기가 엿보였지만, 한편 명랑하고 알뜰했다. 이 집에서는 언제나 쓸고, 빨고, 씻고, 꿰매고, 찌고, 뜨고 하는 것이었다. 그러면서도 한편 딸들은 음악을 즐길 수 있는 여유가 있었다. 두 딸은 피아노를 치고 또 노래를 불렀다. 그녀들은 현대 작곡가에 대해서는 아는 바가 없었지만 헨델, 바흐, 하이든, 모차르트에 대해서는 일가견을 지니고 있었다.

아주머니는 달려나오며 나를 반가이 맞아 주었으며, 두 딸은 뜨개질을 마저 마치고 내게 악수를 청했다. 뜻밖에도 나는 귀빈 대접을 받아 훌륭한 응접실로 안내되었다. 그리고 베르타 아주머니는 내가 몇 번이나 사양하는데도 기어이 포도주 한 잔과 케이크를 권하고서 나와 마주 앉았다. 딸들은 바깥 거실에서 일을 계속하고 있었다.

어제 내 다정한 어머니는 내게 관대하게 시험을 치르게 해주었었는데, 나는 그 시험의 일부를 여기에서 다시 치르게 되었다. 그러나 이번에도 나는 언짢은 사실들을 그럴싸한 말로 꾸미려는 생각은 추호도 없었다. 아주머니는 존경할만한 선교사의 인품에 대하여 커다란 관심을 갖고 있었기 때문에 내가 지내온 여러 도시의 교회와 목사들에 대하여 자세히 물었다. 얼마 동안 우리는 서로 언짢은 한두 가지를 선의로써 너그럽게 참은 뒤에 10년 전에 돌아간 유명한 성직자의 죽음을 한탄했다. 그가 아직도 살아있었다면 나는 슈투트가르트에서 그의 설교를 들을 수 있었을 것이다. 다음의 화제는 나의 운명과 체험과 앞날의 희망 등으로 옮아갔다. 나는 운이 좋고 여태까지 순탄한 길을 걸어왔다는 사실을 새삼 알게 되었다.

"6년 전엔 이렇게 되리라고 누가 생각이나 했겠느냐?" 하고 아주머니는 말씀하셨다.

"그땐 제가 그렇게도 비참했나요?"

나는 이렇게 묻지 않을 수 없었다.

"뭐, 반드시 그런 건 아니지만, 부모님의 속을 무던히 썩인 것은 사실이야."

'그거야 전들……' 하고 나는 항의하고 싶었지만, 결국 아주머니의 말씀은 사실이었고 또 지난 일을 다시 왈가왈부하고 싶지 않았다. 그래서 "아주머니 말씀이 옳습니다" 하고서 공손히 머리 숙였다.

"그 동안 너는 여러 가지 직업을 가졌었겠구나."

"아주머니, 물론입니다. 그러나 조금도 그 점에 대해서 후회는 하지 않아요. 아마 지금 하고 있는 일도 오래는 계속하지 않을 거예요."

"어머나! 정말이냐? 그건 안 될 말이야. 그렇게 좋은 직업이라는데. 한 달에 거의 2백 마르크라니, 젊은 사람치고 그게 어디냐?"

"그런 대우가 얼마 동안이나 계속될는지 누가 알아요, 아주머니?"

"그렇게 말하면 안 돼. 너만 착실하게 일하면 오래 계속 되지 말란 법 있니?"

"네, 그렇게 노력해 보겠습니다. 저는 이제 리디아 대모$_{大母}$님도 뵙고, 아저씨 사무실에도 가봐야겠어요. 그럼 안녕히 계십시오, 아주머니."

"오냐. 잘 가거라. 퍽 반갑구나! 또 오너라."

"네, 다시 오겠습니다."

나는 거실에서 두 사촌누이에게 작별 인사를 하고 문 앞에서 아주머니에게 다시 인사를 드리고는 넓고 밝은 층계를 올라갔다. 지금까지 옛날 공기를 마시는 것만 같은 느낌이었는데, 지금은 한결 더 그런 느낌이었다.

이층에 방 두 개를 차지하고 팔순에 가까운 대모가 살고 계셨다. 대모는 옛날처럼 다정하고 친절하게 나를 맞아 주셨다. 방에는 수채화로 된 대모의 부모님 초상, 수 놓은 방석, 꽃다발과 풍경을 그린 보자기며, 타원형으로 된 사진틀 등이 장식되어 있었으며, 백단白檀의 그윽한 향기와 해묵은 향료 냄새가 풍기고 있었다.

리디아 대모는 짙은 자줏빛의 단조로운 옷차림을 하고 계셨다. 근시안이고 약간 체머리를 떠는 이외에는 근력도 좋고 한결 젊어 보였다. 대모께서는 나를 작은 소파에 앉게 하고는 대부와의 얘기는 입 밖에 내지도 않고 내 생활 형편과 이상에 대해 물었다. 그러고는 내 이야기에 귀를 기울이고 매우 흥미 있어 했다. 그렇게 나이가 많아도 먼 조상의 체취를 풍기면서 2년 전까지만 해도 가끔 여행을 다니셨다는 것이다. 그리고 최근의 세상일에 대해서도 죄다 찬동하는 것은 물론 아니지만 별반 악의를 품지 않고 애써 이해하면서 참신한 기분을 잃지 않으려고 하셨다. 게다가 말솜씨가 좋아서 옆에 앉아 있으면 이야기가 그치지 않아 언제나 즐겁고 재미있었다.

돌아올 때 대모는 나에게 키스를 하시고, 그 누구에게서도 볼 수 없는 정다운 태도로 축복을 해주셨다.

그런 후에 나는 곧장 아저씨 가게를 찾아갔다. 아저씨는 신문과 상품목록商品目錄을 뒤적거리고 있었다. 나는 자리에 앉지 않고 곧 나올 생각이었다. 아저씨도 별로 만류하지 않고 그대로 내버려두었다.

"음, 너 다시 돌아왔구나!" 하고 아저씨는 말했다.

"네, 아저씨, 오랜만입니다."

"요즈음, 일을 잘 한다지?"

"네, 모두 아저씨 덕분입니다."

"아주머니한테도 인사 드려라."

"이미 다녀왔습니다."

"그래 잘했다. 그럼 인사치레는 다 한 셈이구나."

아저씨는 장부를 들여다보면서 내게 손을 내밀었다. 나는 아저씨와 재빨리 악수하고 기분이 흐뭇하여 밖으로 나왔다.

이것으로 공식적인 방문은 일단 끝났다. 나는 식사하러 집으로 향했다.

쌀밥과 송아지고기가 나를 기다리고 있었다. 식사가 끝나자 프리츠는 나를 자기 방으로 데리고 갔다. 벽에는 옛날 내가 채집한 나비들이 유리상자에 보관되어 걸려 있었다. 누이가 한 몫 끼려고 문틈으로 방 안을 기웃거리자, 프리츠는 괜스레 우쭐하여 손을 가로저으며 쫓아버렸다.

"안 돼! 비밀회담이야."

프리츠는 이렇게 말하고는 내 얼굴을 유심히 쳐다보았다.

내가 긴장하고 있자, 그는 침대 밑에서 상자 하나를 꺼냈다. 뚜껑은 양철로 되어 있었으며, 그 위는 묵직한 돌로 눌려 있었다.

"안에 무엇이 들어 있는지 알아맞혀 봐!" 동생은 나지막한 목소리로 깜찍하게 말했다.

나는 이전에 장난치며 놀던 여러 가지 일들을 머릿속에 그리면서 대답했다.

"도마뱀?"

"아니야."

"뱀?"

"천만에."

"그럼 송충이냐?"

"아냐, 생물은 아냐."

"그래? 그렇다면, 뭣 하러 상자 속에 넣어두는 거야?"

"송충이보다 더 위태로운 거니까 그렇지."

"뭐? 위태로워? 아하! 그럼 화약인가 보구나."

동생은 대답 대신에 뚜껑을 열었다. 그 속에는 여러 가지 화약 봉지며, 목탄, 심지, 유황 덩어리, 유리 조각, 쇳가루 등을 싼 뭉치가 들어있어 마치 조그마한 무기고武器庫 같았다.

"이것으로 무엇을 하려는 거냐?"

만일 아버지가 아들 방에 이런 상자가 있다는 것을 알았다면 그분은 잠도 제대로 주무시지 못했을 것이다. 그러나 프리츠는 나를 놀라게 한 것이 기뻐서 싱글벙글하고 있었으므로 나는 그러한 내색을 약간 비쳤을 뿐 결국 프리츠의 꾐에 빠지고 말았다. 실은 나 자신도 도의적으로 보면 하나의 공범자이고, 또 흡사 견습공이 일을 피하는 것을 즐기듯이 나도 불꽃 장난을 좋아했던 것이다.

"형도 함께 해볼래?" 하고 프리츠가 물었다.

"그래, 날이 어두워지면 정원에 나가 어디 한번 해보자꾸나."

"거 좋지. 며칠 전에 바깥 잔디밭에서 화약 반 파운드로 폭탄을 만들었어. 지진이 일어나는 것처럼 꽝 하고 터지잖아? 덕분에 용돈을 다 날렸어. 아직 여러 가지 살 게 많은데……."

"내가 1달러 주지."

"그래? 그럼 됐어. 그러면 로켓도 만들고 불꽃놀이도 할 수 있어."

"그렇지만 조심해야 돼, 알았지?"

"뭐, 난 아직 한 번도 실수한 적이 없는걸."

이것은 내가 열네 살 때, 불꽃장난을 하다가 실수하여 목숨을 잃을 뻔한 재앙을 빈정대는 말이었다.

프리츠는 이미 완성된 화약과 또 만들고 있는 화약을 나에게 보여주고, 새로운 실험과 발명을 몇 가지 가르쳐 주면서 그 밖의 것은 실제로 해보일 테니, 그때까지는 당분간 비밀에 붙이겠다며 나를 초조하게 만드는 것이었다. 그러는 사이에 점심시간도 지나고 프리츠는 가게에 가야 했다. 프리츠가 나간 후에 나는 그 비밀 상자의 뚜껑을 다시 덮고 침대 밑에 넣어 두려는데, 마침 로테가 와서는 아버지와 함께 산책하러 가자는 것이었다.

"프리츠 녀석, 어때?" 하고 아버지는 나에게 물었다.

"꽤 컸지?"

"네."

"그리고 상당히 착실해졌어, 안 그래? 그 녀석, 어린 티는 완전히 가시고 제법 어른 티가 난단 말이야."

나도 동감이었지만, 다소 부끄러운 생각이 들었다. 활짝 갠 오후의 날씨였다. 밭에는 들꽃이 만발하여 웃고 있었다. 우리는 그 옆을 천천히 걸으면서 즐거운 이야기를 주고 받았다. 낯익은 길, 숲 언저리, 과수원 등이 나를 반가이 맞아주며 고개를 끄덕였다. 다시 어린 시절이 머릿속에 떠올랐다. 그 무렵은 모든 것이 훌륭하고 만족스럽고 또한 아름답게 보였었다.

"저 오빠한테 물어볼 말이 있어요."

로테는 이렇게 말문을 열었다.

"다름이 아니라, 내 친구를 2, 3주일 우리집에 와 있게 하려는데 말예요."

"그래? 어디서 오니?"

"울름에서요. 나보다 두 살 위예요. 어떻게 생각하세요? 지금은 오빠가 집에 와 있으니 모든 게 오빠한테 달려 있어요. 만일 귀찮다면 거리낌없이 말해 줘요."

"도대체 어떤 여자냐?"

"교사 시험을 치르고……."

"그래?"

"그래가 뭐예요? 아주 예쁘고 조금도 고리타분하지 않아요. 선생이 되는 것도 포기했대요."

"왜?"

"그건 오빠가 직접 물어 보세요."

"그럼 이미 오기로 되어 있구나."

"순박한 양반! 그건 오빠에게 달려 있어요. 오빠가 우리끼리만 지내기를 원한다면 나중에 초대해도 좋아요. 그래서 물어보는 거예요."

"어디 단추를 세어서 점쳐 보자꾸나."

"그럴 것 없이 그냥 오게 하세요."

"그럼 그렇게 하지."

"됐어요. 오늘 곧 편지를 띄울께요."

"내 안부도 함께 전해라."

"내 친구는 그런 걸 좋아하지 않아요."

"이름은 뭐냐?"

"안나 암베르크예요."

"암베르크라는 성姓은 마음에 든다. 그런데 안나는 성녀聖女의 이름이지만 좀 낡은 티가 나는데. 그리고 더 이상 줄여서 부를 수도 없고."

"오빠는 아나스타지아를 좋아하죠?"

"그렇지. 스타지라든가 스타젤이라고 줄여서 부를 수 있으니까 말이다."

그러는 사이에 우리는 언덕의 마지막 봉우리에 올라왔다. 사방을 바라보니 다른 봉우리들은 펀펀히 뻗어나가서 한결 가깝게 생각되었다. 바위 위에 오르자, 우리가 스쳐 지나온 밭들은 급한 경사로 가로놓여 있었고 멀리 깊숙한 골짜기에 가로놓인 거리는 눈 아래로 바라보였다. 등뒤로는 파도처럼 높고 낮은 언덕에 울창한 전나무 숲이 멀리 뻗어 있으며, 그 사이사이에 여기저기 좁은 목장과 보리밭이 흩어져 있었다. 보리밭은 유난히 아름답게 보였다.

"어디 가나 여기보다 더 아름다운 곳은 없어."

나는 감개무량하여 이렇게 말했다.

아버지는 빙그레 웃으며 나를 바라보았다.

"여기가 바로 네 고향이다. 정말 아름다운 고장이지."

"아버지 고향은 어떠했어요? 이보다 더 아름답습니까?"

"뭐 그렇지도 않아. 그러나 어릴 때에 지내던 곳은 모두가 아름답고 신선하게 보이는 법이야. 넌 객지에서 고향 생각이 나지 않더냐?"

"왜요? 가끔 향수병에 걸리곤 했어요."

아주 가까이에 내가 어릴 때 산새를 잡던 숲이 있었다. 그리고 그보다 약간 떨어진 곳에는 우리가 옛날에 돌로 쌓아올린 성터가 있을 것이다. 아버지가 피곤해 하시기에 우리는 잠시 쉬었다가 다른 길로 내려왔다.

나는 헬레네 쿠르츠에 대하여 몇 가지 묻고 싶었으나, 속이 들여다보일 것 같아 말을 꺼내지 못하고 말았다. 고향에서 무료한 몇 주일 동안 게으름을 피우며 휴가를 즐기자니 억누를 수 없는 동경과 사랑의 계획이 나의 젊은 피를 끓어오르게 했다. 나는 단지 그 기회만을 기다리고 있었지만 좀처럼 좋은 기회가 오지 않았다. 마음속에 아름다운 소녀의 이미지를 그려 보면 볼수록 헬레네에 대하여 물어볼 용기가 나지 않았다.

우리는 천천히 집으로 발길을 옮기며 들길에서 커다란 꽃다발을 몇 개 만들었다. 그것은 나의 오랜 옛날의 취미였다. 우리집에서는 어머니 때부터 방마다 화분을 놓아두고 책상과 옷장 위에는 언제나 새로운 꽃다발을 얹어 놓는 것이 가풍이었다. 그리하여 해를 거듭할수록 조그마한 꽃병, 유리병, 항아리 같은 것이 많아지고, 우리 남매는 소풍이라도 갔다 올 때엔 으레 꽃이나 고사리, 나뭇가지를 꺾어 왔었다.

나는 오랫동안 들꽃 구경을 하지 못한 것만 같았다. 들꽃이란 천천히 들길을 거닐면서 회화적으로 감상하여 푸른 대지의 섬(島)이라고 여길 때와, 허리를 굽혀 하나하나 들여다보면서 그 중에서 아름다운 것을 찾아내어 꺾을 때와는 전혀 다르게 보이는 법이다. 나는 곱게 자라는 꽃나무 하나를 발견했다. 그 꽃은 초등학교 시절의 소풍을 연상시켰다. 그리고 어머니가 유난히 좋아하여 특별한 이름을 지어준 꽃나무도 발견했다. 이러한 꽃나무들은 어느 하나도 내 회상을 불러일으키지 않는 것이 없었다. 파랗고 노란 꽃받침에서도 내 즐거운 어린 시절이 정답게 되살아나는 것이었다.

우리집에서 살롱이라고 부르는 방에는 자연미를 살린 전나무제製의 여러 개의 높다란 책장이 있었다. 그 안에는 조부 때부터 전해오는 장서가 여기저기 다소 소홀히 다루어진 채 꽂혀 있었다. 나는 어릴 적에 재미있던 《로빈슨》과 《걸리버 여행기》를 본 적이 있었다. 이 책들은 목판화가 들어 있고 누렇게 변색되어 있었다. 그리고 옛날 항해가와 탐험가의 전기며, 나아가 《지그바르트, 어느 수도원의 이야기》, 《신新 아마다스》, 《젊은 베르테르의 슬픔》, 그리고 오씨안의 작품 등을 읽었다. 이어서 장 파울, 슈틸링, 월터 스콧, 플라톤, 발자크, 빅토르 위고며 라바터의 관상학觀相學의 소형판小型版이나 몇 해 치가 쌓인 아름다운 연감年鑑, 문고판으로 된 여러 가지 책들, 《국민연감》 등을 읽었다. 오래된 연감에는 코도비에츠키의 동판화가 들어 있었으며, 새로운 것에는 루드비히 리히터의 삽화가 들어 있었다. 그리고 스위스의 국민연감에는 디스텔리의 목판화들이 들어 있었다.

나는 음악을 하지 않을 때나, 프리츠와 함께 불꽃놀이를 하지 않을 때에는 이 장서藏書 속에서 마음이 내키는 대로 아무 책이나 한 권 뽑아 내 방으로 갖고 가 열심히 읽었다. 그리하여 할아버지가 탐독하고 감탄하며 사색에 잠기던 누렇게 된 책 페이지 위에 나는 파이프 연기를 마구 뿜어대곤 했던 것이다. 장 파울의《거인巨人》중에서 한 권은 동생이 불꽃놀이를 하느라 마구 뜯어서 죄다 망가뜨려 버렸다. 처음 두 권을 읽고 난 다음 셋째 권을 찾았더니 동생이 그것을 고백하는 것이었다. 그 책에는 본래 파손된 페이지가 있었기 때문에 그러했다는 것이었다.

아무튼 이러한 저녁들은 언제나 즐겁고 유쾌했다. 로테는 피아노를 치고, 프리츠는 바이올린을 켜고, 그리고 어머니는 어머니대로 우리들의 어릴 때의 이야기를 들려주셨다. 한편 폴리가 새장 안에서 계속 재잘거리는 바람에 좀처럼 잠들 수 없을 지경이었다. 아버지는 창가에서 조용히 휴식을 취하거나, 어린 조카와 열심히 그림책을 들여다 보시곤 했다.

어느 날 저녁, 헬레네 쿠르츠가 집에 찾아와 반 시간쯤 함께 시간을 보내다 갔다. 나는 물론 조금도 귀찮을 리 없었다. 그녀의 아름다운 얼굴과 원만한 태도에 나는 새삼 경탄하였다. 그녀가 왔을 때, 피아노 위에는 아직 촛불이 켜져 있었다. 나는 그녀와 함께 2중창으로 노래했다. 그런데 나는 그녀의 목소리에 마음이 쏠려 사뭇 목청을 낮추었다. 나는 그녀의 등 뒤에 서 있었다. 그녀의 갈색 머리칼을 통하여 촛불이 금빛으로 타오르고 있었다. 노래할 때에 그녀는 어깨를 조용히 움직였다. 나는 마음속으로 그녀의 머리를 쓰다듬어 줄 수 있다면 얼마나 좋을까, 하고 생각했다.

그녀와 나는 이미 오래 전부터 어떤 추억 속에 결합되어 있다고 나는 멋대로 생각하고 있었다. 견진성사堅振聖事를 올릴 무렵부터 나는 이미 그녀를 사랑하고 있었기 때문에 그녀의 무관심한 태도에 실망하지 않을 수 없었다. 실은 그것은 내 짝사랑에 불과하였고 그녀는 그런 걸 전혀 모르고 있다는 사실을 나는 까맣게 모르고 있었다.

그녀가 집으로 돌아갈 때에, 나는 모자를 벗어들고 문까지 그녀를 따라나갔다.

"안녕히" 하고 그녀는 인사했다.

그러나 나는 내게 내민 그녀의 손을 감히 잡을 수 없었다.

"집에 바래다 드리지요."

"아니, 괜찮아요. 이 고장에선 그러지 않는 것이 관습으로 되어 있으니까요" 하고 그녀는 얼굴에 미소를 띠며 말했다.

"그래요?"

나는 이렇게 말하고서, 그녀가 내 앞을 스쳐 지나가는 대로 내버려두었다.

그러자 마침 누이가 파란 리본이 달린 밀짚 모자를 손에 들고 나오면서 소리쳤다.

"나도 함께 가겠어!"

우리 셋은 계단을 내려갔고, 나는 육중한 현관문을 힘차게 열었다. 온화한 황혼의 저녁 시가지를 천천히 지나, 다리를 건너고 시장을 지나서는 헬레네의 양친이 살고 있는 교외의 비탈길을 걸어갔다. 두 아가씨는 참새처럼 계속 재잘거렸다. 나는 그 재잘거림에 귀를 기울이며, 그녀들 곁에 있는 것이 즐겁기만 했다. 때때로 걸음을 늦추어 하늘을 바라보는 척하면서 뒤에 처지면, 긴 목덜미 위에 늘어뜨려진 그녀의 검은 머리칼이며 발을 맞춰 성큼성큼 걸어가는 그녀의 모습이 보였다.

집 앞에 이르자 그녀는 우리와 작별의 악수를 하고 안으로 들어갔다. 문을 닫기 전에 그녀는 어둠침침한 현관에서 모자를 벗어 흔들었다.

"참으로," 하고 로테는 말했다. "예쁜 소녀예요. 그렇지, 오빠? 그리고 얼마나 마음씨가 곱고 착하다고요."

"그렇지. 그런데 네 친구는 어떻게 되었지? 곧 오니?"

"어제 편지 썼어요."

"그래? 그럼, 우리는 오던 길로 되돌아가는 게 어때?"

"정원 쪽 길로 가요, 괜찮지요?"

우리는 나무 울타리 사이의 좁은 길을 통해 걸어갔다. 이미 주위는 어두웠고, 썩은 통나무와 낡아빠진 울타리 판자들이 여기저기 흩어져 있었으므로 우리는 조심해서 걸어야만 했다.

우리집에 가까이 다가오니 방 안에 램프가 켜져 있는 것이

보였다.

그때 '쉬 — 쉬' 하는 나지막한 목소리가 들렸고, 누이동생은 깜짝 놀랐다. 프리츠가 거기 숨어서 우리를 기다리고 있었던 것이다.

"위험해, 거기 머물러 있어!"

프리츠는 우리를 향해 소리쳤다. 그러고는 성냥을 그어 심지에 불을 붙이고는 우리 쪽으로 달려왔다.

"또 불꽃놀이구나?" 하고 로테는 핀잔을 주었다.

"소리가 전혀 나지 않는 거야."

프리츠는 이렇게 장담했다.

"잘 봐! 내가 고안한 거야."

우리는 심지가 다 타기만을 기다렸다. 이윽고 피직피직 소리가 나면서 물에 젖은 화약처럼 조그마한 불꽃을 튕기기 시작했다. 프리츠는 좋아서 어쩔 줄을 몰랐다.

"이제부터야. 처음엔 흰 불꽃이 일다가 '탕' 하고 소리가 나면서 붉은 불꽃이 되고, 그러다간 파란 불꽃이 될 거야."

그러나 프리츠의 예언대로 되지는 않았다. 불꽃이 서너 번 번쩍이더니 갑자기 세찬 폭음과 함께 일대 장관을 이루고는 곧 연기가 공중으로 사라져버렸다.

로테는 웃었다. 프리츠는 불만스러운 태도였다. 내가 프리츠를 위로하는 동안에 그 짙은 화약 연기는 어두컴컴한 정원 위로 서서히 떠올랐다.

"하긴 파란 불빛이 약간 비쳤어."

프리츠가 이렇게 말하자, 나는 그것을 긍정했다. 그러자 프리츠는 거의 울상이 되어 자기 불꽃의 구조며 폭발하는 모습에 대해 나에게 설명했다.

"한번 더 해보자꾸나?" 하고 내가 제의했다.

"내일?"

"아냐, 다음 주일이 좋겠지."

나는 물론 내일이 좋다고 동의할 수도 있었다. 그러나 내 머릿속에는 헬레네 쿠르츠에 대한 생각으로 차 있었다.

'내일이면 어떤 행복이 찾아들지 누가 알겠나. 그녀가 저녁에 다시 찾아오겠지. 그러고는 갑자기 나를 사랑하게 될지도 말야.'

어쨌든 나는 이런 망상에 사로잡혀 있었다. 다시 말하면 나는 이 세상의 어떤 불꽃놀이보다 더욱 중대하고 마음이 설레는 일에 열중하고 있었다.

정원을 거쳐 집에 들어서자 아버지와 어머니는 거실에서 체스를 두고 계셨다.

이것은 눈에 익은 극히 단순하고 예사스런 일이었으나 오늘따라 모두가 달리 보이고 먼 세계의 일처럼 여겨졌다. 오늘은 어쩐지 내게는 고향이 없는 것처럼 느껴졌다. 정든 옛집, 정원과 베란다, 낯익은 방과 가구와 그림들, 커다란 새장 속의 앵무새, 정다운 옛 시가지와 깊은 골짜기 등등 모두가

서먹서먹하여 이제는 나와 아무런 관계도 없는 것처럼 보였다. 어머니와 아버지는 이미 이 세상을 떠나 안 계시고, 어릴 때의 고향은 추억과 향수 속에 잠겨 있으며, 그리로 나를 인도할 길은 이미 막혀 있는 것만 같았다.

밤 열한 시 무렵, 장 파울의 두툼한 책을 읽는데 램프가 차차 흐려지기 시작했다. 램프불이 '피식피식' 가느다란 비명 소리를 내더니 심지가 빨갛게 타올랐다. 심지를 돋우어 보았으나 석유가 말라 있었다. 한창 흥겹게 읽고 있던 소설을 덮어놓을 수밖에 없어 유감스러웠으나, 그렇다고 캄캄한 집안을 헤매며 석유를 찾을 수도 없었다.

나는 할 수 없이 불을 끄고 잠자리에 들었다. 밖에는 후덥지근한 바람이 불고 있었으며, 그 바람은 전나무와 라일락 덤불을 흔들어대고 있었다. 뜰 안 잔디에서는 한 마리의 귀뚜라미가 울고 있었다. 나는 잠을 이루지 못하고 다시 헬레네를 생각했다. 나는 이 아름다운 소녀를 동경의 눈으로 바라보고 안타까워할 뿐, 달리 어떻게 그녀를 휘어잡을 도리가 없는 것으로 여겼다. 그녀의 얼굴모습과 나직한 목소리, 그리고 오늘 저녁에 거리와 시장 광장을 지나던 그녀의 힘찬 발걸음을 생각하니, 마음의 불꽃이 활활 타올랐다. 결국 나는 잠자리에서 다시 일어나고 말았다. 방 안이 너무 덥고 속이 답답하여 잠을 잘 수가 없었다. 나는 창가에 서서 밖을 내다보았다. 털뭉치 같은 구름 사이에 창백한 그믐달이 떠있고, 뜰에서는 여전히 귀뚜라미가 울고 있었다. 한 시간 정도 밖에 나가 돌아다니면 좋을 것 같았다. 그러나 우리집은 밤 열 시면 으레 대문을 잠가버렸다. 그리하여 만일 이 시간 이후에 대문이 열리게 된다면 그것은 필시 어떤 심상치 않은 일이 일어났음을 의미했다. 뿐만 아니라 나는 열쇠가 어디에 있는지 전혀 알 수가 없었다.

그때 별안간 지난날의 일이 생각났다. 내가 아직 철이 덜 들어 부모님 슬하에 있는 것을 때로는 노예 생활이라도 하는 것처럼 느끼고 있던 무렵의 일이었다. 저녁 늦게 맥주를 한 병 마시려고, 양심의 가책을 받으면서도 일종의 모험적인 반항심으로 술집에 가기 위하여 집을 빠져나간 일이 종종 있었다. 그때에 나는 빗장만 질러놓은 뒷문을 이용했었다. 뜰에 나가 담을 뛰어넘고, 우리집 정원과 이웃 집 정원 사이의 좁은 골목길을 지나 거리로 빠져나갔었다.

나는 바지를 주워 입었다. 무더운 날씨에 더 이상 옷을 걸칠 필요는 없었다. 나는 구두를 집어 들고 맨발로 몰래 정원 담장을 뛰어넘고, 개울가의 골짜기를 따라 잠든 시가지를 천천히 걸어 올라갔다. 개울은 계속 찰랑거렸고, 조그마한 달 그림자가 물 위에 떨면서 떠 있었다.

밤에 밖에 나와 묵묵한 하늘 아래에서 고요히 흐르는 개울물을 따라 걷는 것은 매우 신비스럽고 영혼을 송두리째 뒤흔들어 놓는 느낌이었다. 그럴 때 우리는 우리의 근원根源을 좀

더 가까이 접하게 되고, 동물과 식물의 혈연관계를 느끼게 된다. 그리고 집도 없고 시가지도 이루어지지 않았던 그 옛날로, 고향도 없이 방황하던 인간이 숲과 강과 산과 이리와 매를 자기와 같은 족속으로서, 즉 친구나 원수로서 사랑하거나 미워하던 오랜 태고 시대의 생활이 어렴풋이 머릿속에 떠오르는 것이었다. 밤은 또한 우리로 하여금 길들여진 공동생활의 감정에서 떠나게 한다. 불빛 한 점 없고 인간의 소리도 들리지 않을 때에, 혼자 깨어있는 사람은 자연히 고독을 느끼게 마련이며, 오직 자신에게만 의지할 수밖에 없다. 혼자서 피할 길 없는 고독 속에 살면서, 고통과 불안과 죽음을 체험하며 참아나가야 한다는 저 무서운 감정이 가슴속에 깊이 스며들게 되면, 건강한 젊은이에게는 하나의 경고가 되고 연약한 사람에게는 전율을 느끼게 한다.

  나도 역시 그러한 상념에 사로잡혔다. 적어도 불쾌하던 감정은 사라지고 조용히 산책할 수 있는 마음의 여유가 생겼다. 저 아름답고 상냥한 헬레네는 아마 내가 그녀를 생각하고 있듯이 나를 생각하지는 않을 것이다, 하는 생각을 하게 되자 나는 적이 슬퍼졌다. 그러나 응답 없는 사랑의 괴로움으로 자신을 망쳐버릴 내가 아니라고 나는 자부해보기도 했다. 그러고는 신비神秘에 충만한 생활이, 한 젊은이가 휴가 중에 맛보는 사랑의 괴로움보다는 훨씬 더 엄숙한 심연과 진지한 운명을 지니고 있다는 막연한 예감에 나는 사로잡혔다.

그러나 끓어오른 피는 좀처럼 식지 않았다. 나는 훈훈히 불어오는 바람에서 애무하는 소녀의 손과 갈색 머리칼을 연상했다. 그리하여 새벽 산책에 조금도 피로한 줄 몰랐으며 졸리지도 않았다.

나는 창백한 풀밭을 지나 강가로 내려가 옷을 벗어 던지고서 차가운 물 속으로 뛰어들었다. 그러나 워낙 물결이 세어 손발을 힘껏 놀려야만 했다. 15분쯤 상류 쪽으로 헤엄쳐 나가자, 어느새 더위와 우울증이 상쾌한 강물에 말끔히 씻겨가 버렸다. 물 또한 싸늘해지고 지치기도 해서 나는 젖은 옷을 몸에 걸쳐 입고는 상쾌하고 즐거운 마음으로 집으로 돌아와 잠자리에 들었다.

고향에 돌아와 처음 며칠 동안의 긴장이 풀리자 점차로 고요한 전원 생활에 물들어갔다. 객지에 있을 때에 나는 이 도시에서 저 도시로 떠돌아다니며 여러 사람들 틈에 끼어 일을 열심히 하기도 하고 꿈을 꾸기도 했으며, 공부에 열중하다가도 밤새 술을 마시기도 하고, 때로는 빵과 우유만으로 연명하는가 하면, 때로는 독서와 담배를 즐기기도 했다.

아무튼 나는 한 달 한 달 세월이 흐름에 따라 다른 사람이 되어 갔다. 그러나 고향에 돌아와 보니 10년 전이나 20년 전과 조금도 다를 것이 없었다. 날마다 세월은 변함없이 조용히 흘러만 갔다. 객지에서 떠돌아다니며 변화가 많은 생활에 젖은 나였지만 지금은 한번도 고향을 떠나 본 적이 없는 사람처럼 다시 이 땅에 익숙해졌다. 그리하여 오래 잊고 있었던 사건들과 인간들에게 흥미를 느끼게 되었고, 타향을 까맣게 잊어버리게 되었다.

시간 시간과 하루 하루가 한여름의 뭉게구름처럼 자취 없이 사라져 갔다. 하루 하루가 모두 아름다운 그림처럼 보였고, 마음을 설레게 하였으며, 잠시 빛났다가는 곧 꿈과 같은 여운을 남기고 사라지는 것이었다.

나는 정원에 물을 뿌리기도 하고 로테와 함께 노래를 부르거나 프리츠와 어울려 불꽃놀이를 했다. 어머니와는 여러 도시에 대한 이야기를 나누었고, 아버지와는 당면한 시국 이야기를 주고받았다. 한편 나는 괴테와 야콥센(역주: 1847~85 덴마크의 시인 · 소설가)을 읽었다. 이 모든 일과들은 서로 뒤섞여 하나의 조화를 이루고 있었기 때문에 어느 것이 특히 중요하다고 말할 수는 없었다.

그 무렵 나에게 있어서 가장 중요한 것은 헬레네 쿠르츠와 그녀에 대한 나의 찬미였다. 그러나 이것도 또한 다른 모든 일과들과 마찬가지로 한동안 내 마음을 사로잡았다가는 다시 자취를 감추곤 하는 것이었다. 다만 한 가지 변함이 없는 것은 내가 실감하고 있는 즐거운 생활 감정, 다시 말하면 미끄러운 물결을 헤치며 유유히 헤엄치는 듯한 심정뿐이었다. 숲에서는 어치가 울고 산딸기가 익어갔다. 뜰에서는 장미와

진홍빛 한련(旱蓮)이 피고 있었다. 나는 이러한 광경을 즐기며 세계가 새삼 놀랍고 멋있게 보였다. 그리고 나중에 훌륭한 어른이 되어 분별력을 갖게 될 때에 그것들이 어떻게 보일까, 하고 생각해 보기도 했다.

어느 날 오후, 커다란 뗏목이 우리 고장을 흘러 지나갔다. 나는 그 뗏목 위에 올라 높이 쌓인 판자 위에 누워 농장들과 마을을 지나고 다리 밑을 지나 몇 시간 동안이나 하류로 흘러내려갔다. 머리 위에서는 바람이 살랑거리고 검은 구름이 때때로 천둥을 일으키기도 했다. 발 밑에서는 차디찬 강물이 물거품을 일으키며 찰랑거렸다. 그때 나는 마음속으로 이렇게 생각했다.

'여기에 헬레네 쿠르츠도 나와 함께 있어야 하며, 나는 그녀를 유괴했어야 했다. 우리는 서로 손을 맞잡고서 여기에서 네덜란드까지 가는 동안에 세계의 아름다움에 놀라 손가락질하며 내려갔으면 얼마나 좋을까' 하고.

골짜기를 따라 떠내려가다가 뗏목에서 뛰어내린다는 것이 그만 발을 헛디뎌서 나는 가슴까지 차는 강물 속에 첨벙 빠지고 말았다. 그러나 돌아올 때, 날씨가 더워 옷을 입은 채 다 말라버렸다. 그리고 먼 길을 걷느라 먼지투성이가 되어 힘없이 마을에 이르렀을 때, 바로 시가지의 초입에서 빨간 블라우스를 입은 헬레네를 만났다. 내가 모자를 벗어들자 그녀 쪽에서도 머리를 끄덕여 보였다. 그녀가 나와 손을 맞잡고 시냇물을 따라가면서 다정하게 말을 건네던 꿈이 생각났다. 나는 그날 저녁에도 희망을 잃고 나 자신이 부질없는 몽상가夢想家라는 생각이 드는 것이었다. 그러나 자기 전에 나는 풀을 뜯는 두 마리의 노루가 그려져 있는 멋진 파이프를 피워 물고 열한 시가 넘도록《빌헬름 마이스터》를 읽었다.

  그날 저녁, 나는 여덟 시쯤에 프리츠와 함께 무거운 보따리를 서로 바꾸어 들고 암산岩山에 올랐다. 그 보따리 속에는 강렬한 화약 한 다스, 로켓 여섯 개, 폭발하는 커다란 불꽃이 세 개, 그 밖에 여러 가지 물건이 들어 있었다.

  훈훈한 저녁이었다. 아직도 푸른 기가 남아있는 하늘에는 엷은 구름이 교회 탑과 산기슭을 무수히 스쳐서 방금 반짝이기 시작하는 별빛을 흐리게 하기도 했다. 우리가 처음 잠깐 동안의 휴식을 취한 암산에서는 저녁놀에 싸여 있는 좁은 골짜기가 내려다보였다. 그리고 시가지와 이웃 마을, 다리들과 물레방아의 둑, 숲이 우거져 언덕을 이루고 있는 좁은 냇가를 바라보노라니, 아름다운 소녀에 대한 연정이 황혼의 정서와 함께 마음속에 스며들었다. 나는 정말 혼자서만 꿈꾸며 달이 떠오르는 것을 기다리고 싶었다. 그러나 그렇게 할 수는 없었다. 프리츠는 벌써 상자를 열고 두 개의 불꽃을 튕겨 올려 나를 놀라게 했다. 그는 불꽃을 노끈으로 막대기에 붙들어 맨 후 내 귀 밑에 대고 폭발시켰던 것이다.

  나는 다소 화가 났지만, 프리츠는 기분이 좋아 싱글벙글

했기 때문에 나는 곧 그의 기분에 감염感染되고 말았다. 우리는 세 개의 강한 폭발물에 차례차례 불을 붙였다. 커다란 폭음이 골짜기에 메아리 쳤다. 이어서 여러 가지 불꽃을 올리고 나중에는 어두운 밤하늘에 아름다운 로켓으로 불꽃을 하나씩 올려 보냈다.

"이런 멋진 불꽃은 마치 하나님에게 예배라도 드리는 것 같아······."

비유를 좋아하는 프리츠는 이렇게 말했다.

"혹은 아름다운 노래를 부를 때처럼 말이야, 엄숙하기 이를 데 없지."

맨 마지막의 불꽃은 집에 돌아오는 길에 피죽皮竹 지붕을 한 집의 고약한 개에게 던져졌다. 개는 깜짝 놀라 멍멍 짖고는 15분 가량이나 우리 뒤를 쫓아오며 미친 듯이 날뛰었다. 나는 프리츠와 즐겁게 떠들며 재미나는 장난을 치른 개구장이처럼 손이 시꺼멓게 되어서 집으로 돌아왔다. 그리고 어머니와 아버지에게 아름다운 저녁 산책과 골짜기의 경치와 별들이 총총한 하늘에 대하여 자랑스럽게 이야기했다.

어느 날 아침, 나는 창가에서 파이프 손질을 하고 있었는데 로테가 헐레벌떡 뛰어오더니 커다란 소리로 말했다.

"열한 시에 내 친구가 도착해요."

"안나 암베르크가?"

"네, 마중 나가지 않겠어요?"

"가도 좋지."

오도록 되어 있는 줄은 알고 있었으나 이미 잊고 있었던 손님이 온다는 것은 그다지 기쁠 것은 없었다. 그러나, 그만둘 수도 없는 노릇이라 열한 시쯤 되어 로테와 함께 역으로 나갔다. 시간이 너무 일러서 나는 괜스레 역전에서 서성거렸다.

"아마 2등을 타고 올 거예요" 하고 로테는 말했다.
나는 의아한 눈초리로 로테를 바라보았다.
"틀림없어요. 짐이 있으니까요. 검소한 애긴 하지만……."
나는 좀 언짢았다. 한 숙녀가 커다란 트렁크를 들고 2등칸에서 내려서는 장면을 연상해 보았다. 그녀는 우리의 정다운 집을 초라하게 여길 것이며, 나 자신을 대수롭지 않게 여길 것이 아닌가.
"2등차로 온다면 차라리 돌려보내는 게 좋겠어. 그렇잖아?"
로테는 뾰루퉁하여 나를 탓하려 들었다. 그러나 그때 이미 기차가 들어왔기 때문에 로테는 그리로 황급히 뛰어갔다. 내가 로테를 따라 천천히 발길을 옮기자 그 여자는 3등칸에서 막 내리고 있었다. 그녀는 비단으로 된 잿빛 파라솔에 커다란 목도리를 두른 순박한 차림새로 초라한 가방을 들고 있었다.
"우리 오빠야, 안나!"
나는 "안녕하세요?" 하고 가볍게 인사를 했다. 차는 3등이었지만, 어떻게 여길지 몰라 트렁크는 내가 받아들지 않고 짐꾼에게 맡겼다. 나는 두 처녀 옆에서 나란히 걸으면서 서로가 말이 많은 데 놀랐다. 그러나 암베르크는 마음에 들었다. 그다지 예쁘지 않아 좀 실망했으나, 얼굴이나 목소리에 매력이 있어 호감이 갔다.

나에게는 지금도 어머니가 두 사람을 유리문 옆에서 맞아 들이던 광경이 눈앞에 선하다. 어머니는 사람을 볼 줄 아는 뛰어난 눈을 갖고 있었다. 어머니가 아래위를 훑어보신 후 웃으며 맞아들이는 사람이면 안심하고 오래도록 즐겁게 사귈 수가 있었다. 지금도 기억하고 있지만 어머니는 암베르크의 눈을 유심히 보고는 두 손을 내밀어 말없이 맞아들여 친절히 대했다. 그리하여 나는 상대방을 몰라서 불안해 하던 마음도 씻은 듯이 가셔지고 상대편에서도 우리가 내민 손을 선뜻 잡아 우리는 처음부터 한집 식구처럼 되어 버렸다. 아직 나이가 어려 지각이나 분별력이 모자라는 나였지만 첫날에 이미 그 호감 가는 처녀는 자연스런 명랑함을 지니고 있었으며, 세상 물정에는 어두웠으나 매우 소중한 벗이 될 수 있을 것으로 생각됐다. 다만 어려움과 고뇌를 통해서만 비로소 얻을 수 있고 다른 많은 사람은 결코 얻을 수 없는 보다 더 고귀하고 값진 명랑함이 있음을 나는 어렴풋이 느끼고는 있었으나, 그러나 나는 아직 그것을 경험해 보지는 못했다. 그런데 우리집에 찾아온 이 손님이 바로 이 소중한 명랑함을 소유하고 있음을 나는 한동안 모르고 있었다.

친구로서 교제하며 인생과 문학에 대하여 대화를 나눌 수 있는 소녀는 그 무렵의 내 생활 환경에서는 찾아보기 힘들었다. 나에게 있어 누이동생의 여자친구들은 지금까지는 단지 애인이 되지 않으면 평범한 여자들에 불과했다. 그런데 지금은 사정이 좀 달라졌다. 나는 이 젊은 숙녀와 허물없이 교제하며 남성이나 다름없이 동등한 인간으로서 여러 가지 이야기를 주고받을 수 있었다. 그것은 새롭고 반가운 일이 아닐 수 없었다. 남성이나 다름없다고 말했지만, 음성이나 말씨나 사고방식에는 분명 여성다운 점이 있어 그것이 내 마음을 따뜻이 감싸주고 부드럽게 적셔주는 것이었다.

또한 안나가 지극히 정숙하고 재치있고 모나지 않게 우리와 함께 생활하고 우리들의 인습을 쫓아 행동하고 있음을 알게 되었을 때, 나 자신 다소 부끄러움을 느끼지 않을 수 없었다. 지금까지 휴가 중에 우리집에 찾아온 내 친구들은 한결같이 체면을 차리느라 어딘지 서먹서먹한 느낌이 있었다. 나 자신도 고향에 돌아온 첫날에는 필요 없이 언성을 높이고 어두운 얼굴을 했던 것이다.

나는 안나가 나에게 조금도 표리 없이 대하는 데 때때로 놀라기도 했다. 이야기를 서로 주고받을 때 내가 지나칠 정도로 거칠게 굴어도 그녀는 추호도 마음의 상처를 입는 일이 없었다. 그런데 헬레네 쿠르츠는 어떠했던가? 그녀에 대해서는 아무리 대화에 열중할 때라도 역시 공손하고 조심스럽게 말하지 않으면 안 되었다.

그 무렵 헬레네는 우리집에 자주 출입했다. 그녀는 안나를 좋아하는 것 같았다. 어느 날 우리는 모두 함께 마트호이스 아저씨 댁 정원 파티에 초대를 받았다. 다과茶菓가 나오고 과실주도 나왔다. 그러는 사이에 우리는 정원에서 놀이도 하고 이리저리 산책을 하기도 했다. 정원이 하도 깨끗하여 우리는 스스로 몸조심을 하지 않을 수 없었다.

나는 헬레네와 안나를 한 자리에서 지켜보면서 함께 이야기를 나누게 되었는데, 그것이 나에게는 야릇한 감정을 갖게 했다. 남달리 아름다운 헬레네와는 단지 피상적인 이야기를 주고받으면서도 말조심을 해야 했는데, 안나와는 어떤 이야기가 화제에 오르든 거리낌없이 말할 수 있었다. 나는 안나를 여간 고맙게 생각하지 않았다. 그러나 그녀와 이야기를 나누고 있으면 자연히 마음이 가라앉는데도 계속 아름다운 헬레네를 훔쳐보았다. 그녀를 바라보면 언제나 줄넘기를 하고 있었으나 그러나 일종의 욕구불만을 억제할 수는 없었다.

프리츠에게는 오늘의 초대가 매우 지루한 눈치였다. 과자를 배불리 먹고 난 다음 그는 신나는 놀이를 몇 가지 제의했으나, 더러는 찬동을 받지 못했고 더러는 곧 중도에서 끝나 버리고 말았다. 그러자 프리츠는 나를 한쪽으로 끌고 가더니 오늘의 모임은 재미없다고 불평을 늘어놓는 것이었다. 내가 어깨를 움츠려 보였더니 프리츠는 폭음을 내는 불꽃을 호주머니에 갖고 있다고 했다. 나는 깜짝 놀랐다. 프리츠는 나중에 소녀들이 헤어지면서 오랫동안 지루하게 이야기를 늘어놓을 때 폭발시킬 심산이었다. 나는 간곡히 타이르면서 만류했다. 그러자 프리츠는 넓은 정원 한쪽 끝으로 달려가서는 구즈베리 덤불 밑에 벌렁 드러누워 버렸다. 나는 프리츠의 심정을 이해할 수 있었으므로 측은하게 생각했으나, 주위의 다른 사람들과 그 애의 철없는 불만에 대해 웃어줌으로써 결국 프리츠를 배반한 꼴이 되었다.

사촌 여동생 두 명은 사회 경험이 적어서 낡아빠진 유머에도 곧잘 감탄하며 재미있게 듣고 있었다. 아저씨는 커피가 끝나자 곧 물러가 버렸다. 그리고 베르타 아주머니는 여전히 로테 옆에 앉아 있었다. 잼을 만드는 이야기가 나오자 내가 한 몫 끼어 맞장구를 쳐주었더니 사뭇 만족스러운 모양이었다. 그 후로 나는 줄곧 두 소녀와 함께 이야기를 나누었다. 간혹 화제가 중단되면, 나는 사랑하는 여인과 이야기하기란 왜 이다지도 어려운가, 하고 마음속으로 생각했다. 아닌게아니라, 그것은 다른 여인들과의 이야기보다 몇 갑절 힘이 들었다. 나는 헬레네에게 어떤 사랑의 표시가 될 만한 것을 주고 싶었으나 얼른 생각이 떠오르지 않았다. 결국 나는 두 송이의 장미를 꺾어서 하나는 헬레네에게, 다른 한 송이는 안나에게 주었다.

이것은 내가 휴가 중에서 매우 즐겁게 지낸 마지막 날이었다. 이튿날 나는 이 고장의 다소 안면이 있는 사람에게서 헬레네가 최근에 자주 드나드는 집이 생겼으며, 아마 곧 약혼을 하게 될 것이라는 이야기를 얻어들었다. 그는 다른 이야기를 들려주던 끝에 무심코 이 소식을 알려주었지만 나는 그가 눈치채지 못하도록 조심했다. 그 말이 비록 뜬소문에 지나지 않고, 또 나는 헬레네의 호감을 사리라고는 전혀 생각하지 않았지만, 어쨌든 이제는 그녀에 대하여 더 이상 손을 쓸 여지가 없다는 확신을 갖게 되었다. 나는 정신없이 집으로 돌아와서 내 방으로 도망쳐 들어갔다.

사정이야 어떻든, 덧없는 젊은 시절 일이라 슬픔도 오래 갈 수는 없었다. 그러나 며칠 동안 나는 즐거움 같은 것을 전혀 느끼지 못했다. 가끔 숲 속의 오솔길을 거닐기도 하고, 한동안 멍하니 방구석에 쳐박혀 있다가는, 저녁이 되면 창문을 닫은 채 바이올린을 켜며 공상에 잠기는 것이 고작이었다.

"너 어디 아프냐?"

아버지는 이렇게 물으시며 내 어깨에 손을 얹으셨다.

"잠을 자지 못했어요."

나는 숨김없이 대답했다. 그러나 더는 말문이 열리지 않았다. 그러자 아버지는 다음과 같이 말씀하셨는데, 그 말씀은 훗날에도 종종 나의 머리에 떠오르곤 했다.

"잠을 잘 수 없는 밤은 언제나 질색이지. 물론 어떤 좋은 생각이라도 해본다면 그나마 참을 수 있겠지만. 잠을 청할 수 없을 때면, 곧 화가 치밀게 되고 언짢은 일만 생각나는 법이지. 그러나 마음먹기에 따라서는 좋은 생각을 할 수도 있는 거다."

"그럴 수 있어요?" 하고 나는 반문했다. 최근에 나는 몇 해 동안 자유의지自由意志에 대해 의심을 품고 있었기 때문이었다.

"물론이지."

아버지는 힘을 주어 이렇게 말씀하셨다.

나는 여러 날을 말없이 괴로운 심정으로 보낸 다음에야 비로소 잊고서 남들과 즐겁게 지내게 된 그때의 일들을 지금도 기억하고 있다.

우리는 모두 거실에 모여 오후의 커피를 마시고 있었다. 다만 프리츠만이 그 자리에 없었다. 모두들 즐겁게 이야기꽃을 피우고 있었으나, 나는 입을 다문 채 묵묵히 앉아있었다. 물론 나도 한몫 끼어 이야기를 나누고 싶었지만. 흔히 젊은이들이 그러하듯 나 역시 나의 슬픔 때문에 침묵과 그리고 배타적인 반항의 높은 장벽으로 담을 쌓고 있었다. 다른 식구들도 우리 집안의 가풍에 따라 눈에 뚜렷이 나타난 내 불쾌감을 가만히 내버려두고 있었다.

한편 나도 이 장벽을 깨뜨릴 결심을 하지 못한 채 하루 하루를 보내고 있었다. 그러나 나는 고행苦行을 오래 이끌고 나가지 못하였으며, 거기에 대하여 부끄럽게 생각했지만 그러나 바로 본심에서 우러난 한 가지 행동을 광대처럼 하지 않을 수 없었다.

그때에 갑자기 조용한 우리들의 좌석을 뒤흔드는 듯한 우렁찬 나팔소리가 들려왔다. 요란스럽게 불어대는 그 씩씩한 나팔소리에 놀라 우리는 의자에서 벌떡 일어났다.

"불이 났나 봐요?"

누이가 놀라서 소리쳤다.

"화재 신호로는 좀 우스운데……."

"그럼 군대의 야영 신호일까요?"

그러는 사이 우리는 모두 창가로 몰려갔다. 바로 우리집 앞 한길에 산더미처럼 모인 아이들의 무리 한가운데에 큼직한 백마에 걸터앉은 나팔수가 보였다. 그는 새빨간 옷을 입고 있었으며, 나팔과 의복이 햇살을 받아 번쩍이고 있었다. 그 괴상한 사나이는 나팔을 불면서 계속 이 집 저 집을 바라보며 헝가리 식 콧수염을 기른 구릿빛 얼굴을 번뜩이고 있었다.

그는 신나게 여러 가치 신호와 즉흥곡을 닥치는 대로 불어댔다. 집집마다 구경꾼이 창문에 가득 모여들었다. 이윽고 그는 입에서 나팔을 떼고 콧수염을 한번 쓰다듬고는 왼손을 허리에 받치고 오른손으로는 불안해 하는 말(馬)을 고삐로 달래면서 일장 연설을 늘어놓았다.

연설의 요지는 '흥행 여행 도중에, 세계적으로 유명한 그들 일행이 소읍에서 오늘 하루를 묵게 되었는데, 여러분의 간곡한 요청으로 오늘 저녁 브뤼엘 광장에서 곡마, 고급 줄

타기, 무언극無言劇 등을 호화판으로 공연하게 되었다는 것, 입장료는 어른이 20페니히, 어린이는 10페니히다'라는 내용이었다.

우리들이 그 연설을 죄다 알아들을 겨를도 없이 나팔수는 벌써 그 번쩍거리는 나팔을 불면서 아이들이 웅성거리는 가운데 먼지를 뿌옇게 날리고는 멀리 사라졌다.

곡마사曲馬師의 예고로 우리들의 좌석에 일어난 폭소와 흥취는 나에게 안성맞춤의 좋은 기회였다. 그 기회를 포착하여 오랫동안 계속해 온 침묵을 깨뜨리고서 다시 주위의 사람들과 유쾌하게 어울리고자 했다. 그리하여 나는 즉석에서 오늘밤의 흥행興行에 두 처녀를 초대했다. 아버지는 처음에는 다소 반대하셨으나 나중엔 허락해 주셨다.

우리 셋은 그 흥행 장소를 확인하고자 브뤼엘 광장을 향해 천천히 걸어갔다. 사나이 둘이 원형의 노천극장을 만들기 위하여 말뚝을 박고 줄을 치며 높다란 가설무대를 만들고 있었다. 옆에 있는 녹색의 포장마차의 사다리 위에서는 뚱뚱한 노파가 뜨개질을 하고 있었으며, 귀여운 흰 삽살개 한 마리가 그 노파의 발 밑에 누워 있었다. 우리가 구경하고 있던 동안에 그 나팔수는 거리를 한 바퀴 돌고 와서 마차 뒤에 백마를 붙들어 매었다. 그는 곧 붉은 옷을 벗어던지고는 셔츠 하나만 몸에 걸친 채 가설극장을 짓고 있는 동료들의 일을 거들었다.

"가엾은 사람들!" 하고 안나는 말했다.
 그러나 나는 안나의 동정보다는 광대들의 편을 들어 그 들의 자유로운 방랑생활을 찬양했다. 그리고 할 수만 있다면 나도 그들과 함께 돌아다니며 줄타기를 하고, 그리고는 흥행이 끝난 다음 접시를 들고서 한 바퀴 돌고 싶다고 말했다.
 "그러는 모습을 한번 보고 싶어요" 하고 안나는 즐겁게 웃으며 말했다.

 나는 접시 대신 모자를 벗어들고 돈을 걷으며 돌아다니는 흥행사의 흉내를 내고는, 약간의 동정을 베풀어 줄 것을 안나에게 호소했다. 그녀는 호주머니에 손을 넣고 잠깐 부스럭거리더니 1페니히 짜리 동전을 꺼내어 모자 속에 던져 주었다. 나는 고맙다고 하고서 그 돈을 조끼 주머니에 집어 넣었다.
 나에게는 한동안 짓눌렸던 즐거움이 다시 되살아났다. 나는 그날 어린애처럼 기뻐서 어쩔 줄 몰랐다. 아마 나 자신이 이렇게 다른 사람이 될 수 있다는 생각이 들었기 때문일 것이다.
 저녁에 우리는 프리츠와 함께 구경하러 갔었는데, 가는 도중에 벌써 기뻐서 야단들이었다. 브뤼엘 광장에는 구경꾼들이 새까맣게 모여 들끓고 있었다. 어린이들은 호기심에 찬 눈초리를 반짝이며 얌전히 서 있었으며, 장난꾸러기들은 서로 맨 앞에 나서려고 밀어대고 있었다. 공짜 구경꾼들은 밤나무 위에 올라가서 기다리고 있었으며, 헬멧을 쓴 경찰관도 몇 사람 보였다.

가설극장 주위에는 좌석들이 즐비하게 마련되어 있었다. 그리고 원형으로 된 무대의 한복판에는 네 개의 손잡이가 달린 기둥이 서 있었고, 그 손잡이에는 램프가 걸려 있었다. 이윽고 램프에 불이 켜지자 관객들이 우르르 밀려와 좌석은 금방 가득 찼다. 장내를 메운 사람들의 머리 위에서는 붉게 그을며 타오르는 램프불이 흔들리고 있었다.

우리는 널판자 위에 자리를 잡고 앉았다. 아코디언 소리가 나자, 서커스 단장이 조그마한 검은 말 한 필을 끌고 무대에 나타났다. 광대 한 사람이 함께 나타나서는 단장과 재담을 나누었는데, 자주 따귀를 치면서 이야기가 중단되곤 할 때마다 관중들로부터 박수갈채를 받았다. 먼저 광대가 어떤 **뻔뻔**스런 질문을 하면, 단장은 따귀를 갈기면서 이렇게 말하는 것이었다.

"그럼, 너는 나를 낙타로 알고 있단 말이냐?"

광대가 대답했다.

"아니올시다, 단장님! 저도 단장님과 낙타가 서로 다르다는 것쯤은 명확하게 구별할 줄 압니다."

"그래? 그럼 어떻게 다른지 말해 보아라."

"단장님, 낙타는 전혀 마시지 않고서 일주일 동안이나 일할 수 있지만, 단장님은 아무 일도 하지 않고서 1주일 동안이나 먹을 수 있거든요."

그러면 다시 단장은 광대의 따귀를 후려갈긴다. 그러면 관중은 우레 같은 박수를 보낸다. 이를테면 이런 식으로 연기가 계속되었다. 나는 소박한 재치를 즐기는 관중의 단순성을 재미있게 생각하며 함께 웃었다.

말 한 필이 등장해서는 의자를 뛰어넘고, 열둘까지 수를 헤아리고 죽는 흉내를 내었다. 그리고는 삽살개가 나타나서는 바퀴를 통과하여 뛰어가는가 하면, 두 발로 춤을 추어 보이고 군사훈련을 해 보였다. 그 사이사이에 광대가 나타나서는 연기를 해 보였다. 그런 다음 귀여운 한 마리의 산양山羊이 나타나서는 의자 위에서 멋지게 균형을 잡아 보였다.

마지막으로 광대는, 도대체 당신은 두루 떠돌아다니면서 우스갯소리밖에 할 줄 모르느냐는 질문을 받자 그는 곧 헐렁한 광대 옷을 벗어 던지고는 빨간 내복 바람으로 높다란 줄을 타고 올랐다. 그는 얼굴도 잘 생겼으며 줄도 멋지게 탔다. 훨훨 타고 있는 불빛을 듬뿍 받은 빨간 모습이 검푸른 밤하늘에 높이 떠 있는 광경은 매우 아름다웠다.

흥행 시간이 지나버렸기 때문에 무언극은 상연되지 못했다. 우리도 역시 다른 때보다 늦도록 밖에 나와 있었으므로 곧바로 집으로 향하였다.

공연이 계속되고 있는 동안 우리는 줄곧 이야기를 주고받았다. 나는 안나의 옆자리에 앉아 있었다. 우리는 서로 부질

없는 말만을 주고받았기 때문에 집에 돌아오는 길에는 그녀의 곁을 떠나야 하는 것이 못내 아쉬웠다. 나는 침대에 누웠으나 오랫동안 잠을 이룰 수 없었다. 여러 가지 생각으로 어수선했다. 나 자신의 불성실에 생각이 미치자 매우 불쾌하고 부끄러운 생각마저 들었다. 어떻게 해서 나는 그 아름다운 헬레네를 그렇게도 빨리 단념할 수 있었단 말인가? 그러나 나는 그날 밤과 그 후 며칠 사이에 몇 가지 궤변으로 나 자신을 합리화하고, 그러고는 모든 외견상의 모순을 일단 해결해 버렸다. 바로 그날 밤에 나는 불을 켜고서 안나가 장난으로 준 1페니히짜리 동전을 조끼 주머니에서 꺼내어 유심히 관찰했다. 그 동전에는 1877이란 연대年代가 적혀 있었으니 나와 꼭 같은 나이였다. 나는 그 동전을 흰 종이에 싸서는 그녀의 이름의 머릿글자 A. A.(안나 암베르크)와 오늘의 날짜를 기입하였다. 그리고는 행운의 동전으로서 나의 지갑 속 깊이 넣어 두었다.

휴가의 절반 — 휴가는 언제나 전반前半이 긴 법이다 — 이 벌써 지났다. 여름도 한 주 동안의 심한 폭풍우가 휘몰고 간 다음 서서히 고개를 숙이고 명상에 잠기기 시작하고 있었다.
 그러나 나는 세상에 이보다도 더 중요한 일은 없다는 듯이 펄럭이는 깃발을 날리면서 소리 없이 사라져 가는 나날을 항해했다. 그리고 하루하루가 금빛 희망을 지니고서 사라지는 것을 바라보면서 굳이 그것을 붙들려고도 하지 않고 또 애석하게 여기지도 않았다.

이렇게 내가 초연할 수 있는 것은 청춘 시절의 이해할 수 없는 낙천적인 기분이 그 원인이었지만, 어머니에게도 다소의 책임은 있었다. 어머니는 한 마디도 입 밖에 내지는 않았지만, 나와 안나와의 교제를 추호도 싫어하는 눈치를 보이지 않았기 때문이다. 물론 영리하고 행실이 바른 소녀와의 교제는 나에게도 분명히 유익한 일이었다. 그리고 그녀와 보다 더 깊은 관계를 맺는다 해도 어머니는 용서하실 것만 같았다. 그리하여 나는 아무런 걱정 없이, 그리고 별로 감추지도 않고서 마치 여동생과 함께 지내는 기분으로 안나와 함께 지낸 것이다.

그러나 나는 이것만으로 만족할 수는 없었다. 그건 내 소망과 는 거리가 멀었다. 얼마 후에는 안나와 다만 친구로서 교제한다는 것이 나에게는 가끔 고통스럽기도 했다. 나는 명확하게 울타리가 쳐진 우정의 정원에서 넓고 자유로운 사랑의 나라로 간절히 옮아가고 싶었다. 그리하여 어떻게 하면 이 악의 없는 소녀를 몰래 그 곳으로 이끌어 갈 수 있을까 하고 골똘히 생각해 보았으나 전혀 묘안이 떠오르지 않았다. 그러나 이로 인하여, 휴가가 끝날 무렵에는 친구로서의 교제에 대하여 만족해야만 한다는 생각과 이상을 바라는 욕망 사이에서 자유롭고 즐겁기마저 한 부동浮動의 상태가 생겼는데,

그것은 나에게 커다란 행복과도 같은 것으로 기억에 생생하게 남아 있다.

이렇게 우리는 우리의 행복한 가정에서 즐거운 여름날을 보냈다. 어머니에 대해서도 나는 옛날의 어린 자식으로 돌아갈 수 있어서 아무런 거리낌 없이 나는 나의 생활에 대하여 이야기할 수 있었고, 과거를 고백하고 앞날의 계획을 의논할 수 있었다. 어느 날 오전, 나는 어머니와 둘이서 정자에 앉아서 실을 감았었는데, 그 일이 아직도 기억에 생생하다. 나는 하나님에 대한 신앙이 없어졌음을 이야기해 드린 다음, 내가 다시 믿음을 갖게 되려면 먼저 나에게 확신을 갖게 할 수 있는 사람이 있어야 한다고 주장했다.

그때 어머니는 미소를 지은 다음 나를 바라보고는 잠시 생각에 잠긴 후에 이렇게 말씀하셨다.

"너에게 확신을 갖게 할 만한 사람은 아마 없을 거야. 그렇지만 너는 점차로 신앙이 없이는 살 수 없다는 것을 깨닫게 될 게다. 지식이란 아무짝에도 쓸모가 없는 거란다. 유식하다고 믿고 있는 자가 그 지식이 아무런 도움도 되지 않는다는 사실을 매일처럼 우리에게 보여 주고 있음을 알아야 해. 사람에게는 믿음과 마음의 평화가 필요한 법이란다. 그렇기 때문에 교수님이나 비스마르크 같은 사람에게 의지하느니보다는 구세주를 믿는 편이 언제나 나은 법이란다."

"그럴까요?" 하고 나는 반문했다. "구세주에 대해서는 분명한 것을 알 수 없지 않아요?"

"아니야, 분명하게 알 수 있단다. 물론 오랜 세월을 두고 살아가는 동안에 자기 자신만을 믿고 아무런 걱정 없이 죽어 가는 사람도 가끔 있긴 하단다. 소크라테스를 비롯해 몇 사람이 그렇다고 하지만, 결코 많지는 않단다. 그런데 몇 사람 안 되는 이들이 편안하고 조용하게 죽을 수 있었다면, 그것은 영리해서가 아니라 마음이 깨끗했기 때문이란다. 이분들은 그것으로 족하지. 각기 자신을 위해서 올바르게 살았으니까. 그러나 우리가 어디 그분들과 같을 수 있니? 이 몇 분 안 되는 사람들 말고는 불쌍하고 평범한 사람이 무수히 있지 않니? 이들은 구세주를 믿음으로써 비로소 편안하게 죽을 수 있단다. 너희 할아버지는 돌아가시기 전에 14개월 동안이나 병상에서 말할 수 없는 고통을 겪으셨단다. 그러나 구세주에게서 위로를 받으시고 기꺼이 괴로움과 죽음을 참아 내셨단다."

끝으로 어머니께서는 이렇게 덧붙여 말씀하셨다.

"내가 이런 말을 해도 납득할 수 없을 게다. 나는 잘 알고 있단다. 신앙은 사랑과 마찬가지로 이해를 통하여 얻어지는 것이 아니란다. 너도 언젠가는 인간의 이해력만으로는 모든 것을 해결할 수 없다는 것을 깨닫게 될 게다. 그렇게 되면 너는 고통 속에서 위로가 될 것처럼 보이는 것이면 무엇이든 붙잡으려고 할 게다. 그때 비로소 너에게는 오늘 우리가 주고받은 이야기가 머리에 떠오를 게다."

나는 정원을 가꾸시는 아버지를 도왔다. 혹시 산책이라도 나가게 되면 나는 아버지가 화분에 쓰시도록 숲 속의 흙을 작은 종이봉지에 담아 갖고 돌아오곤 했다. 프리츠와는 새로운 불꽃놀이 기술을 개발하다가 손가락에 화상을 입었다. 한편 로테와 안나와 어울려 반나절을 숲 속에서 지내며 딸기와 꽃을 꺾는 것을 도와주기도 하고, 책을 읽어주면서 즐겁게 지냈다. 그리고 새로운 산책길을 찾아내기도 했다.

아름다운 여름날은 하루하루 지나갔다. 나는 언제나 안나 곁에 있는 것이 버릇처럼 되었다. 그러나 그것도 곧 끝장이 나겠지, 하고 생각하니 휴가를 즐기는 푸른 하늘 위에는 때 아닌 먹구름이 덮여왔다.

아름답고 고귀한 것은 모두 유한한 것이며, 마침내 시간이 흐르면 끝장을 보게 마련이지만, 지금 생각해 보아도 내 청춘의 전부를 대변할 수 있는 이 여름날도 하루하루 덧없이 지나갔다. 얼마 남지 않은 내 출발 날짜가 식구들의 입에 오르내리기 시작했다. 어머니는 다시 한 번 내복과 양복 등 내 물건을 하나하나 살펴가며 군데군데 꿰매셨다. 그리고 짐을 꾸리던 날, 어머니는 손수 짜신 회색 털 양말 두 켤레를 선물로 넣어 주셨다. 그것이 어머니의 마지막 선물이 되리라고는 어머니도 모르셨고, 물론 나도 몰랐다.

오랫동안 두려워하고 있던 마지막 날이 마침내 닥쳐오고야 말았다. 맑게 갠 늦여름의 어느 날이었다. 하늘에는 솜같이 부드러운 구름이 떠 있었고, 온화한 동남풍이 불어와 정원 뜰에 가득 핀 장미꽃을 희롱하고는, 정오 무렵에는 꽃 향기에 취하여 잠잠해졌다. 나는 오늘 하루를 즐기기 위해 저녁 늦게 출발하기로 결정짓고서, 우리 젊은이들끼리 오후에 다시 한 차례 산책을 하기로 했다. 그리고 오전의 시간은 아버지와 어머니를 위하여 할애하였다. 나는 아버지 서재에 가서 아버지와 어머니가 나란히 앉아 계시는 소파의 중간에 끼여 앉았다. 아버지는 친절하고 농담 섞인 말투로 얼버무리면서 몇 개의 작별 선물을 주셨다.

은화銀貨 몇 개가 들어있는 구식 지갑과 호주머니에 꽂을 수 있는 펜과 멋진 수첩이었다. 이 수첩은 아버지께서 손수 만드신 것으로, 그 속에는 직접 라틴어로 쓰신 열두 개의 처세훈處世訓이 들어 있었다. 은화는 절약하되 결코 인색하지 말라는 것이었고, 펜은 종종 집에 소식을 전해 달라는 뜻이며, 수첩은 마음을 감동시키는 새로운 금언金言이라도 있으면 바로 적어 두라는 뜻이고, 처세훈은 아버지의 생활에 유익하고 진실한 것으로 여겨지는 것이라고 말씀하셨다.

나는 두 시간 이상이나 부모님과 함께 앉아 있었다. 부모님은 나의 어린 시절의 이야기며 당신들과 조부모님의 생활에 대하여 여러 가지 이야기를 들려 주셨다. 그것은 나에게 소중하고 새로운 이야기들이었다. 그러나 지금은 많이 잊어버렸다. 나는 이야기를 들으면서도 생각은 언제나 안나에게

만 쏠리고 있었다. 그래서 소중한 그 이야기를 반은 건성으로 듣고 있었다. 그러나 서재에서 보낸 이 오전의 일만은 오랫동안 기억에 뚜렷하게 남아 있었다. 동시에 부모님에 대한 감사와 존경심이 가시지 않고 있었으며, 오늘에 와서도 찾아볼 수 없는 거룩하고 순수한 광채에 싸여 있어서, 나는 언제나 우러러보고 있다. 그러나 오후에 떠나는 일이 나에게는 더욱 중요했다. 점심을 끝내고 나는 곧 두 처녀와 함께 산을 넘어 아름다운 숲이 우거진 골짜기를 흐르는 시냇가로 산책을 떠났다. 처음에는 나의 우울한 기분이 두 처녀를 침울하게 했다. 그녀들은 입을 다물고 말았다.

그러나 높다란 은송銀松 사이로 꾸불꾸불한 좁은 골짜기와 숲이 우거진 언덕이 바라다보이고 줄기가 길다란 들버드나무 꽃이 바람에 나부끼는 산마루에 이르자, 나는 환호성을 질러 내 우울증에서 벗어났다.

그녀들은 웃음을 터뜨리고는 곧 〈나그네의 노래〉를 불렀다. 그것은 '오, 머나먼 골짜기여, 오, 산봉우리여!' 하는 옛날부터 어머니가 좋아하시던 노래였다. 나도 함께 불렀다. 그러자 어린 시절과 지난 여름 휴가 중에 즐겁게 보낸 숲 속 산책에서 일어난 여러 가지 일들이 떠올랐다. 노래의 끝 소절이 끝나자, 우리는 약속이나 한 듯이 지난날의 산책과 어머니에 대해서 이야기하기 시작했다. 우리는 그때의 일들을 고마운 마음과 자랑스런 마음으로 이야기했다. 그것은 멋진 청춘 시절과 고향을 가졌기 때문이었다. 나는 로테와 손을 잡고 걸었다. 마침내 안나도 웃으며 손을 잡았다.

우리는 산등성이로 쭉 뻗은 산길을 줄곧 손에 손을 맞잡고 셋이서 춤을 추듯이 걸어갔다. 그 즐거움은 이루 형언할 수 없었다.

우리는 다시 험한 오솔길로 접어들어 시냇물이 흐르는 그 늘진 골짜기를 향해 내려갔다. 자갈과 바위 위로 흐르는 시냇물 소리는 멀리서도 들을 수 있었다. 훨씬 위쪽 개울 가에 여름철에만 문을 여는 이름 난 다과점이 있었는데, 나는 거기에서 그녀들에게 커피와 아이스크림과 케이크를 한 턱 내기로 이미 초대하였었다. 비탈길을 내려와서 개울가에서는 길이 좁아 우리는 한 줄로 앞뒤로 나란히 서서 걸어가야만 했다. 나는 안나의 뒤를 따랐고, 그녀를 관찰하면서 오늘 중으로 그녀와 단 둘이서 이야기할 기회를 만들고자 골똘히 생각했다.

드디어 나에게는 하나의 계책이 떠올랐다. 우리는 이미 목적지에 가까운 시냇가 풀밭에 이르렀다. 여기저기 석죽石竹이 많이 피어 있었다. 나는 로테에게, 먼저 가서 커피를 주문하고 정원에다 좋은 자리를 미리 마련해 두라고 부탁했다. 그 사이에 나는 안나와 함께 꽃을 꺾어 아름다운 꽃다발을 만들겠다고 했다. 로테는 내 제의가 훌륭하다며 먼저 갔다. 안나는 이끼 낀 바위에 앉아 고사리를 꺾기 시작했다.

"드디어 나의 마지막 날이 닥쳐왔군요."

나는 이렇게 말문을 열었다.

"네, 퍽 섭섭해요. 그렇지만 분명히 당신은 다시 한 번 고향에 돌아오시겠지요, 네?"

"앞날의 일을 누가 알겠어요? 어쨌든 내년에는 오지 못할 겁니다. 그리고 돌아온댓자 모든 것은 지금과는 다르지 않겠습니까?"

"왜요?"

"그때에도 당신이 다시 여기에 온다면 몰라도."

"그야 물론 어려운 일은 아니지요. 그렇지만 이번에도 저 때문에 집에 오신 건 아니지 않습니까?"

"그야, 당신을 전혀 모르고 있었으니까 당연하지 않습니까, 안나 양?"

"물론이지요. 그런데 당신은 저를 조금도 거들어 주지 않는군요. 그 석죽꽃을 몇 가지만 꺾어 주세요."

나는 정신을 가다듬었다.

"나중에 원하는 대로 얼마든지 꺾어 드리죠. 그러나 지금은 그보다도 더 중요한 일이 있어요. 나는 지금 단지 몇 분 동안밖에 당신의 곁에 있을 수 없어요. 나는 하루 종일 단둘이만 있을 수 있는 시간을 기다리고 있었어요. 아시다시피 나는 오늘 떠나야만 하지 않습니까? 간단히 말하겠어요. 안나, 묻고 싶어요……."

그녀는 나를 뚫어지게 바라보았다. 정색을 한 그녀의 영리한 얼굴은 거의 수심에 잠겨 있었다.

"잠깐만!" 하고 그녀는 내 말을 가로막았다. "무슨 말씀인지 짐작할 수 있어요. 그렇지만 지금은 제발 그 말씀은 말아 주세요."

"듣고 싶지 않다는 거지요?"

"듣고 싶지 않아요, 헤르만! 그 이유는 지금 여기에서 말할 수 없어요. 그러나 알고 싶으실 겁니다. 나중에 여동생에게 물어보세요. 그녀는 죄다 알고 있으니까요. 지금은 시간이 너무 없어요. 또한 그것은 슬픈 이야기예요. 그리고 오늘 하루를 슬프게 보낼 수는 없어요. 로테가 돌아올 때까지 꽃다발이나 만들죠. 그리고 우리는 언제나 좋은 친구가 되고, 오늘도 서로 즐겁게 지낼 수 있도록 해요. 싫으세요?"

"나도 가능하다면 그러고 싶습니다."

"그럼 들어 보세요. 저도 당신과 마찬가지 입장입니다. 사랑하는 사람이 있는데, 그 사람과 맺어질 수 없는 처지입니다. 그러나 우리와 같은 입장에 있는 사람이라면 더욱 그 밖의 우정이나 즐거움이나 좋은 일들을 몇 배로 잘 다듬어 나가야 할 거예요. 그렇지 않아요? 그러니 우리는 서로 좋은 친구가 되자는 거예요. 그리고 적어도 이 마지막 하루만이라도 서로 즐겁게 보내고 싶어요, 안 그래요?"

나는 "네" 하고 나직이 대답하고 서로 악수를 교환했다. 시냇물은 여전히 졸졸 흐르며 고운 물방울을 우리에게로 뿌리고 있었다. 꽃다발은 각양 각색의 꽃으로 큼지막하게 만들어졌다. 그때 로테가 노래를 부르면서 우리를 찾아왔다. 로테가 우리 곁으로 오자 나는 물을 마시는 척하며 냇가에 꿇어앉아 잠깐 동안 냇물에 뜨거운 이마와 눈을 담가 식혔다. 그런 다음 나는 꽃다발을 집어 들었고, 우리는 지름길로 해서 다과점까지 함께 걸어갔다.

단풍나무 그늘에 우리를 위한 탁자가 마련되어 있었다. 아이스크림과 커피와 비스킷이 차려져 있었고, 여주인이 우리를 반가이 맞이했다. 나는 모든 일이 순조롭게 진행되어 가는 듯이 실컷 지껄이고 양껏 먹었다. 그것은 내가 생각해도 놀라운 일이었다. 나는 거의 신명이 나서 간단한 탁상 연설도 하고, 그녀들 둘이 웃으면 나도 함께 실컷 웃었다.

나는 그날 오후에, 안나가 극히 자연스럽게 그리고 정답고 친근하게 나를 굴욕과 슬픔에서 구출해 준 일을 결코 잊을 수 없다.

그녀는 아름다운 우정으로 나를 대해주었으므로 그녀와 나 사이에 있었던 일에 대해서는 아무도 눈치채지 못했다. 그것은 내가 침착한 태도를 취하는 데 힘이 되어 주었다. 그리고 나는 나보다도 더욱 뿌리 깊은 번민을 명랑한 얼굴로 능히 참아가는 그녀의 태도를 우러러보지 않을 수 없었다.

우리들이 귀로에 올랐을 때, 숲이 우거진 좁은 골짜기에는 저녁 빛이 감돌고 있었다. 그러나 재빨리 올라선 산마루터기에서 다시 석양을 뒤쫓으며 내려오는 동안 우리는 한 시간가량 따뜻한 햇볕을 받으며 걸었다. 나는 거무스름한 전나무 가지에 붉게 물든 저녁놀을 바라보며 내일이면 여기에서 멀리 떨어진 객지에서 저 저녁놀을 보게 되겠지, 하고 생각하니 처량했다.

저녁에 나는 집안 식구들에게 작별 인사를 했다. 로테와 안나는 나를 역까지 전송해 주었다. 내가 기차에 몸을 싣고 어둠 속을 달리기 시작하자, 그녀들은 나를 향해 손을 흔들었다.

나는 차창에 기대어 가로등과 창문이 반짝이는 거리를 바라보았다. 우리집 정원 근처에서 강렬한 불꽃이 피어 오르는 것이 눈에 띄었다. 프리츠가 작별 신호로 두 손에 불꽃을 들고 있었다. 내가 손짓을 하며 프리츠의 옆을 지나자, 프리츠는 수직 방향으로 불꽃을 쏘아 올렸다.

나는 차창 밖으로 몸을 내밀고서, 그 불꽃이 공중으로 올라가 한참 동안 머물고는 다시 부드러운 곡선을 그리며 비 오듯 사라지는 것을 물끄러미 바라보고 있었다.

라틴어학교 학생

집들이 빼곡히 들어선 고색창연한 소읍小邑 한가운데에 작은 창문이 많은 엄청나게 큰 건물이 하나 서 있다. 현관과 계단의 나무바닥은 처참하리만치 짓밟혀 있으며, 당당하면서도 우스꽝스런 인상을 주는 건물이다. 어린 칼 바우어에게도 그렇게 느껴졌다. 그는 열여섯 살의 어린 학생으로서, 아침과 정오에 책가방을 메고서 그 건물 안으로 들어가는 것이었다. 그곳에서 그는 아름답고 명확하고 악의없는 라틴어와 옛 독일 시인들에게서 기쁨을 느꼈고, 어려운 그리스어와 대수학에서 괴로움을 겪었다. 대수학은 3학년 때도 1학년 때와 마찬가지로 마음에 들지 않았다. 그리고 백발의 몇몇 늙은 선생들로부터는 귀염을 받았지만 몇몇 젊은 선생들로부터는 시달림을 당했다.

학교 건물에서 멀지 않은 곳에 아주 오래된 가게가 하나 있었다. 그 가게는 언제나 열려있는 문을 통해서 어둡고 습기찬 계단을 올라 끊임없이 사람들이 출입하고 있었다. 칠흙같이 어두운 복도에서는 알콜과 석유와 치즈 냄새가 났다. 칼은 어둠 속에서도 그 통로를 훤히 알고 있었다. 그는 이 건물의 훨씬 위층에 자기 방을 갖고 있었기 때문이다. 그는 가게 주인의 어머니 집에서 하숙을 하고 있었다. 아래층은 몹시 어두웠지만, 위층은 매우 밝고 훤히 틔어 있었다. 햇볕이 제대로 비쳐들었으며, 거리의 반이 내려다보였다. 위층에서 살고 있는 식구들은 그 지붕들을 거의 전부 알고 있었고, 이름을 하나하나 댈 수도 있을 정도였다.

 가게에 대량으로 쌓여 있는 여러 가지 물품들은 그 중의 극히 일부분밖에는 가파른 계단까지 올라와 있지 않았다. 적어도 칼 바우어가 있는 데까지는 와있지 않았다. 아무튼 쿠스테라 할머니의 요리 솜씨는 별로 신통치 않아서 그의 배를 채워주는 일은 결코 없었다. 그러나 그 점 외에는 할머니와 칼은 아주 사이좋게 함께 지내고 있었다. 그는 마치 왕王이 자기의 궁성을 갖고 있듯이 자기의 방을 갖고 있었다. 그가 무슨 짓을 하건 아무도 방해할 사람은 없었다. 그래서 그는 하고 싶은 대로 무슨 짓이든 했다. 새장 안에 든 두 마리 박새는 그래도 좋은 편이었다. 그는 일종의 목수 작업장 시설도 갖추고 있었다. 난로에 납이나 주석을 녹여서 주물을 만들기도 했다. 여름이면 발 없는 도마뱀이나 보통 도마뱀을 잡아다 상자 안에 넣어두기도 했다. 그러나 그것들은 곧 언제나 쇠그물에 구멍을 뚫고서 도망쳐 버렸다. 그밖에도 그는 바이올린을 가지고 있었다. 책을 읽거나 톱질이나 대패질을 하고 있지 않을 때는 틀림없이 바이올린을 켜고 있었다. 낮이든 밤이든 시간에 구애받지 않고.

이렇게 이 소년은 즐겁게 나날을 보냈으며 결코 지루하지 않았다. 그는 책이 눈에 띄기만 하면 꼭 빌려냈기 때문에 책이 부족하거나 하는 일은 없었다. 그는 다독多讀이었지만, 어느 책이든 다 좋아하는 것은 아니고, 동화, 전설, 운문으로 씌어진 비극을 무엇보다도 좋아했다.

그것들은 모두 재미있긴 했지만, 그렇다고 그의 배를 부르게 해주지는 못했으리라. 그는 몹시 배가 고플 때면 족제비처럼 슬그머니 낡고 어두운 계단을 타고 돌로 깔린 복도까지 내려갔다. 그곳에는 가게 쪽에서 가느다란 한 줄기광선이 비치고 있었다. 그곳에는 높이 쌓아올린 빈 상자 위에 흔히 고급 치즈가 남아 있곤 했다. 때로는 청어가 반쯤 담긴 항아리가 뚜껑이 열린 채 문 옆에 놓여 있기도 했다. 그래서 운이 좋은 날이거나, 도와주겠다는 구실로 가게 안에까지 용감히 들어간 날에는 종종 말린 자두나 썰어서 말린 배 따위를 여러 움큼 주머니에 넣어 올 수 있었다.

그러나 소유욕을 가지고 그러한 출동을 계획한 것도 아니고, 양심의 가책을 느끼며 그렇게 한 것은 아니었다. 그것은 한편으로는 배고픈 사람의 악의없는 마음에서, 다른 한편으로는 사람을 두려워할 줄 모르는, 그리고 위험에 직면하여 냉정한 자만심으로 그 위험을 직시하는 아량있는 도둑의 기분으로 그랬던 것이다. 가게 주인의 노모가 자기에게 인색하게 굴므로 아들의 넘치는 보물 창고에서 뭘 좀 훔쳐낸다는 것은 도덕적 법칙에 완전히 들어맞는 것이라고까지 그는 생각했다.

이러한 갖가지 습관, 일, 도락 등은 학교 생활과 함께 그의 시간과 그의 생각을 채우는 데 충분한 것 같았다. 그러나 칼 바우어는 아직 그것으로는 만족하지 못했다. 그것은 한편으로는 몇몇 급우들의 흉내를 내본 것이었고, 또 한편으로는 문학서를 많이 읽은 결과였고, 다른 한편으로는 마음에서 일어난 욕구 때문이기도 했는데, 그는 그 무렵 처음으로 멋진 상상 속에서 가슴이 두근거리는 아름다운 나라, 여인의 사랑의 세계로 발을 들여놓았던 것이다. 그러나 그는 지금 당장 그 사랑을 실현하려는 노력이나 구애가 실제로 현실에서 이루어질 수 없음을 잘 알고 있었으므로, 오히려 그는 더 대담해져서 이 도시에서 가장 아름다운 소녀에게 자기의 존경을 바쳤다.

그녀는 부유한 집안에서 태어났고, 자기 또래의 소녀들보다 옷차림도 훨씬 뛰어났다. 그는 그녀의 집앞을 매일 지나쳤다. 그는 그녀를 만나면 교장선생님 앞에서도 그럴 수 없으리만치 모자를 벗고 정중한 인사를 올렸다.

이러한 상태에 놓여 있을 때, 우연히도 완전히 새로운 색채가 그의 생활 속에 찾아들어 새로운 인생의 문이 그의 앞에 열렸다.

어느 늦가을 저녁, 묽은 밀크커피 한 잔으로는 학교에서 돌아온 칼의 시장끼가 메워지지 않아 배고픔에 쫓겨 그는 약탈을 하러 나섰다. 그는 살금살금 계단을 내려가 복도에서 탐색을 시작했다. 그는 곧 접시 한 개를 발견했는데, 접시에는 빛깔 곱게 잘 익은 큰 배 두 알이 가장자리가 붉은 네덜란드 산 치즈 조각과 함께 놓여 있었다.

이 간식은 주인양반의 식탁에 내놓을 것인데, 가정부가 잠깐 치워둔 것이라는 것을 이 배고픈 소년도 금방 알 수 있었을 것이다. 그러나 이 뜻하지 아니한 것을 보고 그는, 이거 웬 횡재일까, 하는 생각이 앞서 그 운좋은 선물을 고마워하며 주머니 속에 슬쩍 집어넣었다.

그러나 미처 그 자리를 떠나기도 전에 가정부 바베트가 슬리퍼 소리를 내며 지하실에서 올라왔다. 그녀는 손에 촛불을 들고 있었으며, 그 범행을 발견하고는 깜짝 놀랐다. 젊은 도둑은 아직 치즈를 손에 든 채였다. 그는 꼼짝 않고 마룻바닥만 내려다보고 서 있었다. 그의 가슴은 갈가리 찢어지며 치욕의 심연으로 가라앉아 버렸다. 이렇게 두 사람은 촛불에 비쳐진 채 서 있었다. 언쟁은 그 이후 이 용감한 소년에게 훨씬 더 괴로운 순간들을 가져다 준 적이 있었지만, 이 순간보다 더 견디기 어려운 순간을 준 적은 결코 없었다.

"안 돼요, 그런 짓을 하다니!" 마침내 바베트가 입을 열었다. 그러고는 후회하고 있는 이 범인을 마치 살인범이라도 되는 듯이 바라보았다. 범인은 아무 할 말이 없었다. "큰일이군요!" 하고 그녀는 말을 이었다. "이것이 도둑질이라는 걸 몰라요?"

"알고 있어요."

"아아, 맙소사. 어째서 그런 짓을 했죠?"

"거기에 놓아두었지 않아요, 바베트? 그래서 난 생각했어요."

"대체 무얼 생각했나요?"

"몹시 배가 고파서……."

이 말을 듣자 노처녀는 눈을 둥그렇게 뜨고서, 한없는 이해와 놀라움과 동정을 가지고 이 가련한 소년을 바라보았다.

"배가 고파요? 그럼 위에서는 아무것도 먹을 것을 얻을 수 없나요?"

"아무것도 없어요, 바베트, 아무것도."

"그래! 그럼 좋아요. 주머니에 넣은 것은 그냥 가지고 가요. 치즈도 가지고 가고. 집에는 많이 있어요. 헌데 난 지금 위에 가봐야 돼. 그렇지 않으면 누가 와 볼 테니까."

이상한 기분으로 칼은 자기 방으로 돌아와 자리에 앉아 곰

곰히 생각에 잠기면서 먼저 네덜란드산 치즈를, 다음에는 배를 먹어치웠다. 그러자 가슴이 틔어왔다. 그는 한숨을 내쉬고 기지개를 켠 다음, 바이올린으로 일종의 감사의 찬가를 켰다. 바이올린이 거의 끝나갈 무렵 문에서 낮은 노크 소리가 들렸다. 문을 열자 문 밖에 바베트가 서 있었다. 그녀는 버터를 듬뿍 바른 커다란 빵을 그에게 내밀었다.

그것은 그를 매우 기쁘게 했지만, 그는 정중히 사양하려 했다. 그러나 그녀는 막무가내였다. 그는 기꺼이 양보했다.

"바이올린을 참 잘 켜세요." 그녀가 칭찬했다. "벌써 여러 차례 들었어요. 음식에 관해서는, 내가 마련해 드리겠으니 걱정 말아요. 저녁에 언제나 먹을 것을 가져다 주겠어요. 누구에게도 알릴 필요 없어요. 당신의 아버지께서는 식비를 충분히 지불하는데도 어째서 할머니는 맛있는 걸 충분히 주지 않는지 모르겠군요."

그는 속으로는 고맙게 생각하면서도 다시 한 번 사양하려 했지만 그녀는 전혀 듣지 않았다. 그는 기꺼이 그녀의 제안에 따랐다. 결국 두 사람은 이렇게 합의를 보았다. 칼이 배가 고픈 날 집으로 돌아올 때는 계단에서 "황금의 저녁햇살"이라는 노래를 휘파람으로 분다, 그러면 그녀는 먹을 것을 가져다 준다, 다른 노래를 불거나 불지 않을 때는 그럴 필요가 없다, 이러한 내용이었다. 후회하면서도 감사를 느끼며, 그는 자기 손을 그녀의 커다란 오른손 바닥에 올려놓았다. 그녀는 그 손을 꼭 쥐어서 이 협약을 굳게 다짐했다.

이 순간부터 이 고등학생은 기분좋게 감격하며 한 친절한 여자의 관심과 시중을 받게 되었다. 고향에서 보낸 어린시절 이후 처음 있는 일이었다. 그의 부모는 시골에 살고 있었으므로 그는 일찍부터 하숙살이를 해야 했기 때문이었다. 나이로 치더라도 바베트는 칼의 어머니와 거의 맞먹었는데, 실제로 그녀는 마치 어머니처럼 그를 잘 돌보고 보살펴 주었으므로 그는 이따금 고향에서 살던 때가 생각나곤 했다. 그녀는 마흔 살쯤 되었고, 근본에 있어서는 무쇠처럼 강인하고 남에게 지기 싫어하는 정력적인 성격의 소유자였지만, 거기에 반발을 일으키기 시작했다. 전혀 뜻하지도 않은 젊은이에게 은혜를 베풀어 친구로 만들고, 피보호자로 만든 다음부터 그녀의 고집센 마음의 밑바닥에서는 점차 부드러움과 이기심없는 온화함이 나타나기 시작했다.

이러한 마음의 움직임이 칼 바우어의 마음에 감사한 생각을 싹트게 했고, 그는 곧 버릇없이 응석을 부리게 되었다. 이런 소년은 대개 받는 것이 무엇이든, 비록 그것이 귀한 과일일지라도, 당연한 권리처럼 받아들이는 법이다. 그리하여 며칠이 지나기도 전에 그는 처음 지하실 문 옆 복도에서 만났을 때의 수치심 같은 것은 깨끗이 잊고서 매일 저녁 항상 그랬던 것처럼 계단에서 '황금의 저녁 햇살'을 불렀다.

만일 바베트의 친절이 계속해서 음식물에만 한정되어 있

었더라면, 그녀에 대한 칼의 추억은 비록 아무리 감사의 마음으로 가득 차 있었더라도, 어쩌면 그처럼 뿌리깊고 오래도록 생생하지는 못했을 것이다. 청년시절에는 배도 쉬고프지만, 그에 못지않게 매우 공상적이다. 젊은 사람에 대한 관계는 치즈나 햄으로는 물론 과일이나 포도주로도 지속적으로 따뜻하게 유지되지는 못한다.

  바베트는 물론 쿠스터 가(家)에서도 호감을 받고, 없어서는 안 될 인물이었지만, 가까운 이웃에서도 극히 정직하다는 평을 듣고 있었다. 그녀가 있는 곳에서는 매사가 점잖고도 유쾌하게 진행됐다. 그것은 이웃의 주부들도 모두 알고 있었다. 그래서 주부들은 가정부, 특히 젊은 가정부가 바베트와 교제하는 것을 좋아했다. 바베트가 추천한 사람은 높은 보수를 받았다. 그녀와 친밀한 교제를 하고 있는 사람은 가정부 보호회나 처녀협회에 가입하는 것보다 더 많은 보호를 받을 수 있었다.

  그리하여 일을 끝마친 저녁이나 일요일 오후에 바베트가 혼자 있는 때는 드물었다. 그녀는 언제나 젊은 가정부들에게 둘러싸여 있었다. 바베트는 그녀들에게 한가한 시간은 어떻게 보내면 좋은가 등에 대해 알려주었고, 그밖에도 여러 조언을 해주었다. 그들과 어울려 놀이도 하고 노래도 부르고 농담도 하고 수수께끼도 했다. 약혼자나 형제가 있는 가정부는 그들을 데리고 올 때도 있었다. 물론 그런 일은 극히 드물었다. 약혼한 여자들은 대개 이 모임에 소홀해졌으며, 그런데다 젊은 직공이나 일꾼들은 아가씨들처럼 바베트와 친해지지 못했기 때문이다. 그녀는 방정치 못한 연애 사건을 좋아하지 않았기 때문이다. 그녀의 보호를 받고 있는 사람들 중 누군가가 그런 사건에 휘말리게 되면 진지한 충고를 하고 그런데도 개선의 가망이 없는 경우에는 그 그룹에서 아예 제명해 버렸다.

 이 유쾌한 아가씨들의 모임에 라틴어학교 학생이 손님으로 초대를 받았다. 아마 그는 거기서 학교에서보다도 더 많은 것을 배웠으리라. 그 모임에 참석했던 저녁의 일을 그는 끝내 잊지 못했다. 뒤뜰에서였다. 아가씨들은 계단이나 빈 상자에 걸터앉아 있었다. 어두웠다. 머리 위에는 사각형으로 도려낸 듯한 저녁 하늘이 약하고 부드러운 푸른빛을 받으며 흐르고 있었다. 바베트는 반원형의 지하실 입구에서 작은 통을 의자삼아 앉아 있었다. 칼은 머뭇거리며 그녀 곁에 서서 문설주에 기댄 채 아무 말 없이 어스름속의 아가씨들의 얼굴을 치켜보고 있었다. 그러면서 그는 동급생들이 이 일을 알게 된다면 뭐라 말할까, 하는 생각이 들어 약간 불안해지기도 했다.

 아아, 이 처녀들의 얼굴들! 그는 이미 그녀들의 거의 모두를 알고 있었지만, 지금 그녀들이 어스름 속에 모여 있는 것을 보니, 전혀 다른 모습으로 보였다. 그녀들은 마치 수수께

끼처럼 그를 바라보았다. 그는 지금도 그녀들 모두의 얼굴과 이름을, 그리고 많은 아가씨들의 내력에 관한 것마저 알고 있다. 그건 어떤 내력일까? 어떠한 운명, 얼마만한 진지함, 얼마만한 무게와 또 얼마나 많은 우아함이 몇 사람의 가정부의 생활 속에 깃들어 있었을까?

그 중에는 나무 가게의 안나도 있었다. 그녀는 어린 나이였을 때, 맨 처음의 주인집에서 한 차례 도둑질을 한 죄로 한 달 동안 감옥에 들어간 일이 있었는데, 지금은 수 년 동안 충실하고 정직하여 모두들 우연히 얻은 보물이라고들 했다. 그녀는 커다란 다갈색 눈과 꼭 다문 입을 하고 말없이 앉아 젊은 남자를 차가운 호기심으로 바라보았다. 그녀가 경찰의 신세를 지고 있었을 때 그녀를 배신한 그녀의 애인은 그 동안에 결혼을 했었지만, 지금은 홀아비가 되어 있었다. 그 남자가 이번에는 다시 안나를 쫓아다니며 자기 것으로 만들려 했지만, 그녀는 딱 잡아떼고서, 그에 대해서는 전혀 관심이 없는 듯이 행동했다. 실은 남몰래 그를 다시 전처럼 사랑하고 있었지만.

제본소집 마르그레트는 언제나 명랑하였으며, 노래를 부르기도 하고 지껄여대기도 하였으며, 윤기있는 붉은 갈색의 곱슬머리를 번득이고 있었다. 그녀는 항상 산뜻한 차림을 하고 있었으며, 언제나 무엇인가 아름다운 것, 혹은 명랑한 것, 가령 파란 리본이나 두어 송이의 꽃을 몸에 달고 있었는데,

결코 돈을 낭비하는 일이 없고, 한 푼이라도 고향에 있는 계부에게 송금했다. 계부는 그것을 통째로 마셔버리고는 감사하다는 말 한 마디 없었다. 그녀는 그후 괴로운 생활을 보냈다. 결혼을 잘못했고, 또 기타 여러 가지 불행과 고통을 겪었지만, 그런데도 그녀는 산뜻하고 아름답게 살아갔으며, 깨끗하고 멋진 몸치장을 잊지 않았다. 미소짓는 일마저 비록 드물게 되었지만, 그럴수록 그 미소는 더한층 아름답게 돋보였다.

이렇게 거의 모두는, 이 가정부 저 가정부 할 것 없이 기쁨과 돈과 호의를 얻기가 얼마나 어려우며, 얼마나 많은 일과 걱정과 불평을 갖게 되는지! 더욱이 그녀들은 얼마나 강인하게 헤쳐나왔으며, 언제나 주저하지 않는, 거의 예외 없이 불사신의 여장부들이 아닌가! 자유로운 두세 시간 사이에 그녀들은 얼마나 많이 웃고, 아무것도 아닌 것, 즉 위트나 노래로서 또는 한 움큼의 호두나 빨간 리본 쪼가리로 얼마나 지껄이며 즐거운 시간을 보냈던가! 몹시 잔인한 고문사건이 화제에 오르면 그녀들은 너무 기쁜 나머지 얼마나 떨었던가! 또한 그녀들은 슬픈 노래일 때에는 함께 부르고 함께 한숨을 쉬고 착하디착한 눈에 얼마나 큰 눈물을 머금었던가!

물론 그녀들 중에서 한두 사람은 성가신 존재로서, 쉽사리 화를 내며 은연중에 구실을 붙여 불평을 토하고 남의 흥을 보았다. 그러나 바베트는 필요하다고 여기면 그녀들에게 마구 해댔다. 물론 그녀들은 그녀들의 짐을 걸머지고 있었으며, 그것은 또한 가벼운 짐은 아니었다.

수녀의 기질을 지닌 그레트는 유별나게 불행한 여자였다. 그녀는 생활에 시달렸으며 정신 생활에 있어서도 몹시 시달림을 받았다. 처녀회조차도 그녀를 만족시킬 만큼 건전하고 훌륭한 모임은 아니었다. 신랄한 소리를 들을 때마다 그녀는 깊이 한숨을 쉬며 입술을 깨물고 낮은 소리로 말했다. "올바른 자는 언제나 커다란 시련을 당하게 마련이지." 그녀는 해마다 시달림을 받으며 살았지만, 그래도 종국에는 돈을 모았다. 그녀는 저축한 달러 주화가 가득 든 양말짝을 세어 볼 적마다 가슴이 벅차 울음을 터뜨리곤 했다. 두 번이나 그녀는 직업 가진 사람과 결혼할 수 있었지만 두 번 모두 그렇게 하지 않았다. 그 이유는 한 사람은 너무 경솔했고, 다른 한 사람은 너무 정직하고 고상하여 그런 남자와 함께 살다가는 한숨을 쉬거나 몰이해를 당하고도 호소할 곳이 없으리라고 생각되었기 때문이다.

그들 모두는 어두운 안뜰의 구석에 앉아서, 각자 겪은 일들을 이야기하며, 오늘 밤에는 좋은 일, 재미있는 일이 생기겠지 하고 기다리며 있었다. 그녀들의 이야기나 거동은 교육받은 청년에게는 처음에는 별로 현명하다거나 고상하다고는 여겨지지 않았다. 그러나 잠시 후 당황한 마음이 가시자 자유롭고 유쾌해졌으며, 그는 이제 어두운 그늘에 모여 있는 이 아가씨들을 마치 진귀하고 극히 아름다운 모습이라도 되는 듯이 지켜보았다.

"그래, 이 학생은 라틴어학교 학생인데," 하고 바베트는 곧 그의 가엾은 배고픈 이야기를 말하려 했다. 그는 그녀의 소매를 잡아끌며 애원했다. 그러자 그녀는 이야기하려던 것을 그만두었다.

"학생은 물론 지독히 공부해야겠죠?" 하고 꽃집의 빨간금발 마르그레트가 물었다. 그리고 곧 이렇게 말을 이었다.

"무엇이 되고 싶어 그렇게 공부하죠?"

"네, 그건 아직 확실치 않아요. 아마 박사가 되겠죠."

이 말은 그녀들의 존경심을 끌어내는 데 충분했다. 그녀들은 모두 주의깊게 그를 바라보았다.

"그렇다면 먼저 콧수염을 길러야 되겠군요" 하고 약방집 레네가 말했다. 그러자 모두들 낮은 소리로 낄낄거리고 웃어대며 별별 소리를 다하며 놀려댔다. 바베트가 옆에 없었다면 혼자서는 결코 견뎌내지 못했으리라. 마지막으로 그녀들은 그에게 이야기해 달라고 청했다. 그는 상당히 많은 책을 읽기는 했지만, 공포의 수업을 떠난 사람에 대한 옛날 이야기 이외에는 어느 한 가지도 기억에 떠오르지 않았다. 그러나 미처 이야기를 시작하기도 전에 그녀들은 웃으며 "그런 건 이미 오래 전에 알고 있어요" 하고 소리쳤다. 그리고 수녀 기질의 그레트는 얕잡아보며 "그런건 어린애들 이야기야" 하고 말했다. 그는 하던 이야기를 중단하고 말았다. 부끄러움을 감출 수 없었다. 그러자 바베트가 그를 대신해서 약속했다. "다음 번에 다른 이야기를 하도록 하겠어. 이 학생은 집에 책이 아주 많아요!" 그 약속은 그에게도 잘 된 일이었다. 그는 이 다음에는 그녀들을 멋지게 만족시켜 주리라고 결심했다.

그러는 사이에 하늘은 마지막 파란 빛깔을 차차 잃었으며, 윤기 없는 검정 바탕에 별이 하나 떠 있었다.

"이젠 모두 돌아가야지" 하고 바베트가 일렀다. 모두들 일어나 흐트러진 머리와 치맛자락을 바로잡고 무엇인가를 지껄이면서 돌아갔다. 어떤 사람은 안뜰의 뒷문으로, 다른 사람은 복도와 현관을 지나서.

칼 바우어도 인사를 하고 자기 방으로 올라갔다. 만족스런 기분인지 불만스러운 기분인지 분명치 않은 기분으로 그는 청년다운 자신감과 라틴어학교 학생의 어리석음 속에 깊숙히 끼어 있었지만, 그래도 이 새로운 지인知人들에게는 자기와는 다른 생활이 영위되고 있으며, 이 아가씨들은 거의 모두 일상생활에 굳은 쇠사슬로 매여 있으면서도 자신 속에 힘을 가지고 있으며, 그에게는 마치 동화의 세계처럼 인연이 먼 것들임을 알고 있었다. 섬세한 연구자의 자부심을 가진 그는 이 소박한 생활에 대한 흥미로운 시詩를, 그리고 원천적으로 민중적인 노래와 속가俗歌와 군가軍歌의 세계를 될 수 있는 한 깊숙히 들여다보려고 생각했었다. 그러나 이러한 세계가 자신의 세계보다는 어떤 점에서는 훨씬 앞서 있음을 느꼈으며, 또 그 세계로부터 학대를 받고 억눌림을 받을까봐 두려웠다.

그러나 막상 그와 같은 위험은 나타나지 않았다. 더욱이 이미 겨울이 깊어져서 가정부들의 저녁 모임도 점차 짧아졌다. 아직은 온화한 날씨였지만 날마다 첫눈을 기다리는 형편이었다. 칼은 약속한 이야기를 들려줄 기회를 얻었다. 그것은 J. P. 헤벨의 《보물 상자》에서 읽은 쭌델하이너와 쭌델프리더의 이야기였는데, 적지않은 박수갈채를 받았다. 끝부분의 교훈은 생략했지만, 바베트가 그녀의 욕구와 능력으로서 그것과 비슷한 결론을 덧붙였다. 그레트를 빼고는 모든 아가씨들이 이야기를 들려준 소년을 사실 이상으로 칭찬하였으며, 중요한 장면을 되풀이해 지껄였으며, 다음번에도 이런 이야기를 해달라고 부탁했다. 그는 약속은 했지만, 이튿날은 몹시 추워서 집 밖에서 모이는 것은 생각할 수 없게 되었다. 그리고 크리스마스가 더욱 가까워짐에 따라 다른 생각들과 즐거움이 그에게 엄습하였다. 그는 저녁마다 아버지에게 드릴 담배 상자를 조각했으며, 거기에 새길 라틴어 시구詩句를 연구했다. 그러나 그 시구는 도저히 고전적인 고상함을 띨 것 같지 않았다. 그런 고상함을 갖게 될 수 없다면 라틴어의 2행시는 무가치하다. 그래서 그는 결국 뚜껑 위에 "건승하심을 빕니다"라고 커다란 장식용 문자로 쓰고서, 그 선을 조각칼로 새긴 다음 그 상자를 경석輕石과 왁스로 문질렀다. 그런 다음 그는 즐거운 휴가여행을 떠났다.

  1월은 추웠지만, 하늘은 맑게 개었다. 칼은 틈만 생기면 스케이트를 타러 스케이트장으로 갔다. 그러는 동안에 어느 날 그는 그 아름다운 평민 출신의 소녀에 대한 다소 공상적인 연정을 상실하게 되었다. 그의 학교 친구들은 여러 가지 사소한 기사적인 봉사로 그녀의 사랑을 얻으려 노력했지만, 그녀는 누구에게나 차갑고 다소 놀리는 듯한 정중함과 교태를 부리며 다루는 것을 칼은 알 수 있었다. 그래서 그는 한번은 대담하게 함께 얼음을 타자고 제의해 보았다. 지나치게 얼굴을 붉히거나 말이 막히지는 않았지만, 그래도 역시 어느 정도는 가슴이 두근거렸다. 그녀는 부드러운 가죽장갑을 낀 작은 왼손을 그의 얼어서 빨개진 오른손 위에 얹고 함께 미끄러져 나갔다. 그리고 그가 어색한 대화를 위하여 머뭇거리는 모습을 보고서 매우 재미있어 하는 표정을 감추지 않았다. 결국 그녀는 가볍게 고개를 끄덕이며 인사를 하고는 멀어져 갔다. 바로 다음 순간, 칼은 그녀가 그를 슬쩍슬쩍 곁눈질하고 있는 그녀의 여자친구들과 함께, 예쁘고 건방진 소녀들이 그러듯, 높은 목소리로 심술궂게 웃고 있는 소리를 들었다.

  그것은 그에게는 너무 지나친 것이었다. 그때부터 그는 원래부터 불순했던 그녀에 대한 사랑을 떨쳐버렸다. 그래서 지금은 그녀를 경멸하게 되어 앞으로는 스케이트장이나 거리에서 만나게 된다 해도 인사하지 않기로 마음먹고서야 겨우

울분을 달랬다.

김빠진 욕정의 떳떳지 못한 속박에서 벗어났다는 기쁨을 밖으로 표시하고, 또 될 수 있는 한, 그 기쁨을 실감하기 위해서 그는 저녁나절이면 난폭한 몇몇 친구들과 어울려 모험을 즐겼다. 친구들과 함께 그는 경찰관을 우롱했으며, 불이 켜진 1층의 창을 노크하고, 종에 매달려 있는 줄을 잡아당기기도 하고, 성냥개비로 전기 스위치를 눌렀으며, 쇠사슬에 묶여 집을 지키고 있는 개를 놀려서 날뛰게 했고, 교외의 한적한 길목에서 휘파람과 화약과 꽃불을 이용하여 아가씨나 부인들을 놀라게 했다.

칼 바우어는 겨울 저녁의 어스름 속에 몸을 숨기고 그런 일을 시도했으며, 또 얼마 동안은 그런 짓에서 대단한 즐거움도 느꼈다. 그러할 때에 그는 유쾌한 오만과 동시에 가슴이 답답할 정도로 무엇이든 체험하고 싶은 열기가 그를 거칠고 무분별하게 만들었으며, 또한 달콤하게 가슴을 두근거리게도 했다. 그는 그것을 누구에게도 털어놓지 않고 그 기쁨에 도취해 있었다. 밤늦게 집에 돌아와서는 오랫동안 바이올린을 켜거나 재미있는 책들을 읽었다. 그럴 때면 그는 마치 약탈을 하고 돌아온 도둑 기사(騎士)가 검을 풀어 벽에 걸고 평화로운 마음으로 장작불에 불을 붙일 때와 같은 기분이 되었다. 그러나 이러한 저물녘의 출동을 해보아도 차츰 평상시처럼 사소한 장난이나 기쁨을 되풀이하는 결과가 되어, 남몰래 기대하고 있던 제대로의 모험 같은 것은 전혀 할 수 있을 것 같지 않아, 그 재미도 점점 싫증이 나기 시작했다. 그는 탈선한 친구들에게 실망하고 차츰 거기서 몸을 빼려했다. 그런데 마침 이게 마지막이라고 생각하고서 마음이 내키지 않는 행동을 함께 한 어느날 밤에 작으나마 모험을 하게 되었다.

소년들은 넷이서 브뤼엘 가街의 골목길을 부질없이 오르내리며 작은 지팡이를 들고 무엇인가 장난칠 일이 없을까 하고 생각하고 있었다. 그 중의 한 소년은 양철제 코안경을 콧등에 쓰고 있었다. 네 사람은 죄다 어른모자나 학생모를 건방진 대학생처럼 비뚤어지게 머리에 쓰고 있었다. 잠시 후 급히 이리로 오고 있는 가정부 같은 아가씨가 그들을 앞질러왔다. 그녀는 네 사람 곁을 급히 지나쳤다. 끈이 달린 커다란 광주리를 가슴에 안고 있었다. 광주리에서는 까만 끈이 길게 늘어져 바람에 나부끼고 있었으며, 가끔 그 끝이 땅에 닿기도 했다.

별로 이렇다 할 생각도 없이 칼 바우어는 그 끈을 주워들고 꽉 잡아당겼다. 젊은 가정부가 아무것도 모르고 앞으로 걸어가자, 그 끈은 점점 길게 풀려 나왔다. 소년들은 즐거운 웃음을 터뜨렸다. 그러자 그 처녀는 뒤로 몸을 돌려 웃고 있는 소년들 앞에 우뚝 섰다. 아름답고 젊은 금발의 아가씨였다. 그녀는 바우어의 뺨을 찰싹 때리고는 풀려나온 끈을 주워들고 급히 그곳을 떠났다.

이번에는 뺨을 맞은 소년에게 조소가 퍼부어졌다. 그러나 칼은 입을 꼭 다물고 말았다. 그는 다음길 모퉁이에서 친구들과 어색하게 헤어지고 말았다. 그는 이상한 기분이었다. 그는 그 아가씨의 얼굴을 어둠침침한 골목길에서 잠깐 보았을 뿐인데, 그에게는 대단히 아름답고 귀엽게 보였다. 그녀의 손에 뺨을 얻어맞은 것은 심히 부끄러운 일이었지만, 아프다기보다는 즐거운 기분이었다. 그러자 자기가 그 귀여운 아가씨에게 어리석은 장난을 쳤으며, 그 결과로 그녀가 자기에게 화를 냈으며, 자기를 불량배로 여겼을 것임에 틀림이 없으리라는 생각이 들자 그는 후회와 부끄러움으로 어찌할 바를 몰랐다.

그는 천천히 집으로 돌아왔다. 가파른 계단을 오를 때에도 휘파람을 불지 않았으며, 조용히 괴로운 듯 자기 방으로 올라갔다. 반 시간 동안이나 그는 어두운 작은 방에서 유리창에 머리를 맞대고 앉아 있었다. 그런 뒤 그는 바이올린을 꺼내어 어린 시절의 조용한 옛노래만을 켰다. 그중에는 최근 5, 6년 사이에 단 한 번도 노래하거나 켜보지 아니했던 것도 몇 곡 있었다. 그는 고향에 있는 누이와 정원과, 그리고 밤나무와 베란다의 빨간 금단화, 그리고 어머니를 생각했다. 그런 다음 피곤하고 생각이 뒤죽박죽이 되어 자리에 들었지만, 곧 잠을 이룰 수 없었다. 이 고집센 모험가이자 거리의 영웅은 소리를 죽이며 훌쩍훌쩍 울기 시작했다. 그는 잠들기 전까지 조용히 계속 울고 있었다.

칼은 지금까지 밤이면 함께 돌아다니던 친구들에게서 겁장이니 탈주병이나 하는 놀림을 당했다. 그는 두번 다시 그 패거리에 끼지 않았기 때문이었다. 그 대신 그는 실러의 희곡《돈 카를로스》와 에마누엘 가이벨의 서정시와 비르나츠키의《할리히》를 읽었으며, 이때부터 일기를 쓰기 시작했다. 그리고 마음씨 고운 바베트의 호의도 드물게밖에는 받아들이지 않았다.

바베트는 칼이 어딘지 잘못된 것이 아닌가 하는 인상을 받았다. 그래서 일단 그의 시중을 떠맡았기 때문에 틀림이 없도록 하려는 생각에서 어느 날 그녀는 칼이 거처하는 방으로 찾아갔다. 그녀는 빈 손으로 간 것이 아니라, 리용 산 소세지를 가지고 가서 칼에게 그것을 자기보는 앞에서 다 먹으라고 졸랐다.

"그만둬요, 바베트" 하고 그는 말했다. "지금은 배가 고프지 않아요."

그러나 그녀는 젊은이는 언제든 먹을 수 있어야 한다는 생각을 하고 있어서 칼이 그녀의 말대로 할 때까지 물러서지 않았다. 그녀는 예전에 라틴어학교 학생은 과중한 부담을 짊어지고 있다는 말을 들었지만, 자기가 돌봐주고 있는 청년이 연구의 과로로부터 얼마나 멀리 떨어져 있는가에 대해서는 전혀 알지 못했다. 그래서 그의 식욕이 현저하게 감퇴된 것은 질병의 시초라고 생각하고, 진지하게 그의 마음에 호소하고 그의 건강상태를 세세히 묻고 마침내는 소화제를 권하기도 했다. 이렇게 되자 칼도 웃지 않을 수 없었으며, 자기는 완전히 건강하며, 식욕이 없는 것은 마음이 안정되지 못하고 우울하기 때문이라고 설명했다. 그것은 바베트도 곧 이해했다.

"학생의 휘파람소리도 들을 수 없어요." 그녀는 힘찬 목소리로 말했다. "누가 죽은 것도 아니잖아. 혹시 사랑을 하고 있는 건 아니겠지?"

칼은 얼굴이 붉어지는 것을 감출 수 없었지만, 그런 의혹을 완강히 부인하고 약간 기분전환이 되지 않아 지루할 뿐이라고 주장했다.

"그렇다면 좋은 일이 있죠!" 하고 바베트는 명랑한 목소리로 말했다. "내일 저 아래 네거리의 리스의 결혼식이 있어요. 그녀는 상당히 오래 전부터 약혼 중이었지, 어느 노동자와. 좀더 나은 상대를 고를 수도 있었을 텐데, 하고 사람들은 생각하겠지만, 상대방은 나쁜 사람은 아니야. 돈만으로 행복해지는 것은 아니니까. 학생도 결혼식에는 꼭 가야 해요. 리스는 전부터 학생을 알고 있거든. 학생도 가서 거만떠는 사람이 아니라는 것을 알리면 모두들 즐거워할 거야. 수목원의 안나와 수녀 기질의 그레트도 올 거요. 게다가 나도. 그밖에 다른 사람은 많이 오지 않아요. 많이 온다면 누가 비용을 감당하겠어요? 조용한 결혼식이니까 집에서 하지요. 떠들썩한 잔치라든가 무도회 같은 것은 없어요. 그런 것 없이도 즐길 수 있거든."

"나는 초대받지 않았는데요?" 하고 칼은 별로 마음이 내키지 않아 무뚝뚝하게 대꾸했다. 그러나 바베트는 웃을 뿐이었다.

"저런! 그런 건 내가 다 알아서 하지. 겨우 한두 시간 정도인걸. 그런데 지금 멋진 생각이 떠올랐어. 학생은 바이올린을 가지고 와요. 왜 안 되지! 그런 바보 같은 핑계대지 말아요! 가지고 와야 해요, 알았죠? 그러면 신이나서 모두들 학생에게 감사할 거야."

마침내 이 젊은 신사는 승낙하고 말았다.

다음날 해질 무렵 바베트가 그를 데리러 왔다. 그녀는 소중하게 넣어 둔 젊은 시절의 외출복을 입고 있었는데, 몹시 답답해 보였다. 그녀는 마음이 들떠 잔치의 기쁨으로 얼굴이 빨갛게 상기되어 있었다. 그녀는 칼이 옷을 갈아 입는 것을 기다리지 못하고 칼라만 새것을 달게 했다. 예복을 입고 있었지만 그녀는 칼이 신고 있는 구두를 재빨리 닦아 주었다. 그런 다음 두 사람은 함께 젊은 부부가 새로이 살림을 차린 보잘것 없는 교외의 집으로 갔다. 칼은 바이올린을 겨드랑이에 끼고 있었다.

어제부터 눈이 녹는 날씨여서 두 사람은 천천히 주의하면서 걸어야 했다. 신발을 더럽히지 않고 그곳에 도착하고 싶었던 것이다. 바베트는 지독히 큰 우산을 겨드랑이에 끼고 갈색 스커트를 두 손으로 높이 쳐들고 걸었다. 그것이 칼에게는 마뜩치 않았으며, 그녀와 함께 있는 것을 남에게 보인다는 것이 약간 부끄럽다는 생각마저 들었다.

하얗게 칠을 한 신혼 부부의 조촐한 거실에는 깨끗하게 준비된 전나무제 식탁을 둘러싸고서 7, 8명이 앉아 있었다. 부부 외에 신랑 친구가 두 사람, 신부의 친척인지 친구가 두세 사람 있었다. 요리는 샐러드와 돼지불고기가 나왔다. 케이크가 테이블 위에 놓여 있고 마루에는 커다란 맥주 항아리 두 개가 놓여 있었다. 바베트가 칼 바우어와 함께 들어서자 모두들 일어섰다. 집주인은 부끄러운 듯한 태도로 두 번 인사를 했다. 말솜씨가 좋은 신부가 인사와 소개를 맡았다. 손님들은 새로운 손님과 악수했다.

"케이크를 드세요" 하고 주부가 말했다. 남편은 말없이 새 컵을 두 개 내밀고 맥주를 따랐다.

아직 등불이 켜있지 않아서, 칼은 인사할 때에 수녀 기질의 그레트밖에 알아보지 못했다. 바베트의 눈짓을 받은 그는 미리 이 목적을 위해서 바베트로부터 받아두었던 종이에 싼 돈을 주부의 손에 쥐어 주면서 축하한다는 말을 덧붙였다. 그에게 의자가 주어졌다. 그는 맥주통 앞에 앉게 되었다.

그 순간 그는 얼마 전 브뤼엘 가街의 골목길에서 그의 뺨을 갈긴 젊은 가정부가 바로 자기 곁에 앉아 있는 것을 보고 깜짝 놀랐다. 그러나 그녀는 칼을 기억하지 못하는 것 같았다. 그녀는 아무렇지도 않은 듯이 그의 얼굴을 쳐다보았으며, 주인의 말에 따라 모두 축배를 들 때에도 칼에게 친근하게 컵을 내밀었다. 칼은 어느 정도 안심이 되어 대담하게 그녀의 얼굴을 바라볼 수 있었다. 그때 잠깐 보았을 뿐, 그 후에 다시 볼 수 없었던 이 얼굴을 그는 요즈음 날마다 몇 번씩이나 생각하고 있었던 것이다. 지금 그는 그것이 얼마나 다른 얼굴로 보이는지 놀랐다. 그녀는 그가 생각하고 있던 그녀의 모습보다 더 온화하고 부드러웠고, 어느 정도 날씬하고 경쾌하기까지 했다. 그러나 아름다움은 변하지 않았을 뿐만 아니라 훨씬 더 사랑스러웠다. 그리고 그녀는 자기보다 나이가 많을 것 같지는 않아보였다.

다른 사람들, 특히 바베트와 안나는 떠들썩하게 이야기를 주고받았는데, 칼은 아무 할 말이 없어 조용히 앉은 채 맥주컵을 손에 들고 젊은 금발의 아가씨에게서 눈길을 떼지 않았다. 이 입술에 키스하기를 얼마나 절실하게 바랐던가를 생각하면 그는 놀라운 생각이 들었다. 왜냐하면 오랫동안 그녀를 보면 볼수록 키스하기가 어렵고, 전혀 불가능한 것처럼 여겨졌기 때문이었다.

그는 의기소침하여 잠시 말없이 슬프게 앉아 있었다. 그러자 바베트가 그에게 바이올린을 켜도록 재촉했다. 그는 그 말에 따르지 않고 사양했다. 그러다가 얼마 후 바이올린을 꺼내어 조율을 한 다음 인기있는 가곡을 연주했다. 너무 높은 음조를 냈는데도 모두들 함께 노래를 불러주었다.

그래서 기분이 풀렸다. 테이블 주위는 소란해지고 유쾌해졌다. 자그마한 새 램프가 나오고 석유가 채워져 불이 켜졌다. 노래는 계속해서 방 안에 퍼지고 새 맥주 컵이 테이블 위에 놓였다. 칼 바우어가 알고 있는 몇 가지 댄스곡 중의 하나를 켜기 시작하자 곧 세 쌍이 나오더니 좁은 방 안을 웃으며 춤추고 돌았다.

아홉 시 무렵, 모임은 흩어졌다. 금발의 아가씨는 칼과 바베트와 함께 거리를 걸었다. 그 길목에서 그는 결단을 내려 아가씨에게 이야기를 걸었다.

"당신은 어디에서 일하십니까?" 하고 칼은 수줍게 물었다.

"상인 콜더러 씨 집이에요. 잘츠 가(街) 끝집의."

"아아, 그렇습니까?"

"네."

"네, 물론. 그래서……."

여기서 한동안 이야기가 끊겼다. 그러나 그는 실패를 각오하고서 다시 한 번 말을 꺼냈다.

"오래 전부터 거기에 계셨습니까?"

"반 년쯤 됐어요."

"나는 당신을 어디선가 한 번 본 듯한 생각이 드는군요."

"허지만 전 당신을 본 기억이 없는 걸요."

"언젠가 저녁때, 브뤼엘 가(街)의 골목에서 보지 않았습니까?"

"그런 건 전혀 몰라요. 어떻게 길에서 만난 사람을 일일이 자세히 쳐다볼 수 있어요?"

그때의 범인이 자기라는 것을 그녀가 의식하지 못한다는 것을 알아차린 그는 안심하고 한숨을 내쉬었다. 그는 이미 그녀에게 용서를 빌려고 생각하고 있었던 것이다.

그때 그녀는 집으로 가는 네거리에 서서 작별 인사를 하려 했다. 그녀는 바베트에게 손을 내밀고, 칼에게는 "그럼 잘가요, 학생. 감사했어요" 하고 말했다.

"무엇이 감사했어요?"

"음악이. 아름다운 음악 말이에요. 그럼 편히 쉬세요."

그녀가 막 돌아서려는 순간 칼은 그녀에게 손을 내밀었다. 그녀는 잠시 자기의 손을 칼의 손바닥에 얹었다. 그러고는 가버렸다.

잠시 후 계단 중간에서 칼이 바베트에게 저녁 인사를 하자, 그녀는 "좋았지요?" 하고 물었다.

"좋았어요. 멋있었어요, 참으로" 하고 그는 행복한 듯 말하고, 주위가 어두운 것을 다행스럽게 생각했다. 왜냐하면 그는 뜨거운 피가 얼굴로 몰려드는 것을 느꼈기 때문에.

해가 길어졌다. 날씨는 차츰 따뜻해졌으며 온 세상은 푸른 색으로 물들어 갔다. 눈이 내리지 않은 시궁창이나 안뜰의 구석에서도 오래된 잿빛 두터운 얼음이 녹아 흘렀다. 맑은 오후에는 벌써 이른 봄 기운이 하늘에 퍼졌다. 이제 바베트도 저녁모임인 안뜰의 클럽을 다시 열었다. 그리고 날씨가 허용하는 한 지하실 입구에서 여자친구들이나 그녀의 보살핌을 받고 있는 여자들과 이야기를 나누었다. 그러나 칼은 가까이 다가가지 않고 자신의 사랑의 꿈을 구름처럼 안고 방황했다. 그는 방 안에서 기르던 동물사육도 그만두었다. 취미로 하는 나무 조각이나 목공 일도 이제는 하지 않았다. 그 대신에 그는 지나치게 크고 무거운 아령을 구해다가 바이올린을 켜도 마음이 풀리지 않을 때에는 그걸 가지고 방이 좁다 하고 지쳐 헐떡일 때까지 체조를 했다.

그는 서너 차례 그 금발의 가정부를 골목길에서 만났는데, 만날 때마다 그녀는 한층 더 사랑스럽고 아름답게 보였다. 그러나 서로 이야기도 하지 않았으며, 그럴 가망도 보이지 않았다.

어느 일요일 오후, 그것은 3월의 첫 일요일이었는데, 집을 나서다가 좁은 안뜰에 모인 가정부들의 목소리를 듣고 갑자기 호기심이 생겨 반쯤 열려 있는 문 곁으로 다가가 문틈으로 살펴보았다. 그레트와 꽃집의 명랑한 마르그레트가 앉아 있는 것이 보였고, 그 뒤에 밝은 금발의 머리가 그때 마침 자세를 바로잡고 있는 것이 보였다. 칼은 그 아가씨가 금발의 티네임을 알아 보았다. 그는 하도 기쁘고 놀라워 숨을 들이 마시고 힘을 집중시키지 않고는 문을 밀고 그녀들이 모여 있는 곳으로 들어설 수 없었다.

"이젠 너무 도도해지신 게 아닌가 하고 생각했답니다" 하고 마르그레트가 큰소리로 말하며 웃으면서 제일 먼저 그에게 손을 내밀었다. 바베트는 손가락으로 그에게 빈 자리를 가리키면서 앉으라고 했다. 그리고는 여자들은 하던 이야기를 계속했다. 그러나 칼은 얼른 그 자리를 떠나서 잠시 서성거리다가는 티네 곁에 멈춰섰다.

"그래, 당신도 있었군요?" 하고 그는 낮은 목소리로 물었다.

"물론이죠. 왜 못 올 까닭이라도 있나요? 난 학생이 언젠가는 여기 오리라고 믿고 있었어요. 그러나 아마 학생은 쉴 새없이 공부를 해야 되겠죠?"

"아니, 그렇게 공부만 하라는 법은 없어요. 강요받긴 하지만. 당신이 여기 오는 줄 알았다면 언제든지 올 수 있었는데……."

"그런 인사치레는 그만두세요!"

"아니, 이건 정말입니다. 정말이고말고요. 결혼식 날엔 유쾌했습니다."

"네, 정말 재미있었어요."

"당신 덕분이었습니다. 오로지 당신 덕택에."

"그런 말씀 그만둬요. 농담만 하시는군요."

"아니, 정말입니다. 이거 화가 나는데요."

"화가 나시다뇨?"

"난 불안했답니다. 이젠 당신과 영 다시는 만나지 못하는 게 아닌가 하고 말입니다."

"그래요? 그럼 어떻게 하셨을까요?"

"그러면 나는, 나는 무슨 일을 저지를지 알 수 없어요. 아마 불에 뛰어들었을지도 모르죠."

"저런! 가여워라."

"물론 당신에겐 웃음거리밖엔 안 될 테지만요."

"그럴 리야. 하지만 학생은 머리가 뱅뱅 도는 말씀만 하시는군요. 잘못하다간 그 말을 곧이듣고 말겠어요."

"아, 그래야죠. 내가 바라는 건 바로 그겁니다."

그의 말소리는 그레트의 커다란 말소리에 지워져버렸다. 그녀는 쩡쩡 울리는 슬픈 목소리로 어떤 심술궂은 주인 이야기를 늘어놓고 있었다. 그 주인은 가정부를 무자비하게 다루고 형편없게 먹이고는 병이라도 들면 슬그머니 해고해버린다는 것이다. 그녀가 이야기를 끝내자, 다른 아가씨들이 갑자기 떠들어대기 시작했다. 마침내 바베트가 그들을 달래어 조용하게 했다. 이야기에 열중하여 티네 곁에 앉아있던 여자가 티네의 허리를 끌어안는 바람에 칼 바우어는 티네와의 이야기를 단념하지 않으면 안 되었다.

그녀에게 다시 접근하지도 못한 채 그는 2시간쯤 지나서 마르그레트가 모두들 돌아갈 시간이라고 신호를 할 때까지 참고 기다렸다. 벌써 어둠이 내리덮고 대기는 싸늘해지고 있었다. 그는 간단히 인사를 마치고는 급히 그 자리를 떴다.

15분쯤 지난 뒤, 티네가 그녀의 집 근처에서 마지막 동반자와 헤어져 혼자서 얼마쯤 걸어오는데, 갑자기 가로수 뒤에서 한 라틴어학교 학생이 불쑥 나타나 그녀의 길을 막아서며 수줍은 태도로 정중히 인사를 했다. 그녀는 약간 놀라 화를 내며 그를 쳐다보았다.

"대체 무슨 일이지요?"

겁에 질려 새파래진 젊은이의 얼굴을 보고 그녀의 눈길과 음성은 약간 부드러워졌다.

"그래, 어찌된 일이에요?"

젊은이는 더듬거리며 확실한 대답을 하지 못했다. 그러나 그녀는 그가 하려는 말을 알 수 있었다. 그리고 그것이 그의 진심이라는 것도 알았다. 젊은이가 이토록 어찌할 바를 모르고 자기에게 몸을 맡기고 있는 것을 보자 그녀는 가엾은 생각이 들었다. 그렇다고 해서 자기의 승리에 대해 자만과 기쁨을 느끼지 않는 바는 아니었다.

"어리석은 짓을 해서는 안 돼요" 하고 그녀는 부드럽게 그에게 말을 걸었다. 그리고 그의 음성에서 눈물을 참고 있음을 알아차리자 그녀는 이렇게 덧붙여 말했다.

"다음에 만나 얘기하기로 해요. 난 지금 집으로 돌아가지 않음 안 되니까요. 그리고 그렇게 흥분해선 안 돼요. 알았죠? 그럼 다시 만나요."

이렇게 말하고 고개를 끄덕인 다음 그녀는 급히 사라져 갔다. 그는 황혼이 짙어져 완전히 어둠이 깔리는 동안 천천히 걸어서 어디론가 떠나갔다. 그는 몇 개의 거리를 지나고 광장을 가로질러 집들과 담장과 정원을 지나 평화롭게 솟아오르는 분수를 지나 교외의 들판으로 나갔다. 그러고는 다시 도시로 되돌아와 시청 건물의 아치 밑을 지나 시장 광장을 지나쳤다. 모든 것은 모습을 바꾸어 미지의 동화의 나라가 되어버린 듯했다. 그는 한 처녀를 사랑하고, 그것을 그녀에게 고백했다. 그녀는 그에게 친절히 대해 주었고, "그럼 다시 만나요" 하고 말했다.

그는 오랫동안 정처없이 걸었다. 손이 시려워 두 손을 바지 주머니에 넣었다. 집으로 들어서는 길목에 접어들었을 때 그는 얼굴을 들어 자기가 살고 있는 거리임을 깨닫고 꿈에서 깨어나자 밤늦은 시각이었는데도 잘 들리도록 크게 휘파람을 불었다. 휘파람은 밤거리에 메아리쳐 울렸고, 마침내 과부 구스테라의 차가운 현관으로 사라져갔다.

티네는 이 일을 어떻게 처리해야 할까, 하고 여러 가지로 궁리했다. 어쨌든 사랑의 포로가 되어 있는 소년보다는 훨씬 더 많이 생각했다. 소년은 열렬한 기대감과 달콤한 흥분에 들떠 반성 따위는 하지 않았다. 그녀는 그 일을 깊이 생각하면 생각할수록 귀여운 소년을 책할 수는 없을 것 같았다. 그런데다 그토록 고상하고 교육을 받은, 더구나 때묻지 않은 소년의 사랑을 받고 있음을 알게 된 그녀는 새롭고 감미로운 기분이 되었다. 그러나 연애 관계 따위는 한 순간이라도 생각할 수 없었다. 그런 것은 그녀에게는 어려운 일일 뿐만 아니라, 손해를 입히는 것이 고작이었기 때문이다. 어쨌든 연애가 확실한 목표에 도달할 수는 없었다.

한편 난 모른다는 식의 대답을 하거나, 전혀 대답을 하지 않아서 가엾은 소년을 슬프게 해주고 싶지도 않았다. 될 수 있다면 누나처럼 어머니처럼 친절하게 해주어 생각을 바꾸게 해주고 싶었다. 여자는 이 나이가 되면 벌써 남자보다는 어른스럽고 자신을 갖게 되는 법이다. 그런데다 자립하고 있는 가정부는 세상을 사는 지혜로 보아 어떤 학생, 어떤 대학생보다도 훨씬 앞섰다. 더군다나 이처럼 여자에게 딱 반하여 여자의 말만을 따르는 경우에는 더욱 그러하다.

딱한 입장에 놓인 가정부는 이틀 동안이나 생각과 결심이 이러지도 저러지도 못하고 비틀거렸다. 냉정하고 확실하게 거절하는 것이 옳다는 결론에 이를 때마다 그녀의 마음은 저항했다. 그녀는 젊은이를 사랑하고 있지는 않았지만, 젊은이에게 너그럽고 친절한 호의를 갖고 있었다.

결국 그런 사태에 놓인 사람이면 대부분 그러하듯 그녀도 그렇게 했다. 즉 여러 가지 결심을 비교하는 동안에 그것들은 떨어져나가 어느 것이든 처음과 같은 회의적인 동요로 되돌아가 버리는 것이었다. 그래서 정작 실행에 옮겨야 할 때가 되면, 그녀는 전에 깊이 생각하고 결심한 것을 한 마디도 말하지 않고 실행하지도 않으며 칼 바우어와 똑같이 그때그때 되는대로 맡겨버리는 것이었다.

사흘째 되던 날 저녁, 그녀는 비교적 늦게 심부름을 나갔다가 그녀의 집 근처에서 칼을 만났다. 그는 겸손하게 인사했는데, 어쩐지 의기소침한 모습이었다. 젊은 두 사람은 서로 마주서서 무엇이라고 입을 열어야 좋을지 몰랐다. 티네는 남들이 보지 않을까 걱정이 되어 열려있는 어두운 문 안으로 재빨리 들어섰다. 칼도 불안스럽게 그녀의 뒤를 따랐다. 옆의 마구간에서는 말이 몸을 뒤틀고 있었다. 어딘지 이웃집 안뜰인가 정원인가에서 서투른 솜씨로 클라리넷 연습을 하고 있었다.

"왜 저렇게 서툴까요?" 하고 티네는 낮은 소리로 말하고, 새삼스럽게 웃었다.

"티네!"

"네, 왜 그래요?"

"아아, 티네!"

내성적인 젊은이는 어떤 선고가 자기를 기다리고 있는지 알지 못했지만, 그 금발의 아가씨가 자기와 화해할 수 없도록 자기를 싫어하고 있는 것은 아니라고 생각했다.

"난 널 사랑해" 하고 그는 낮은 소리로 말했지만, 곧장 그녀를 너라고 부른 데는 자신도 놀라지 않을 수 없었다.

그녀는 잠시 대답을 망설였다. 머리가 텅 비어 빙빙 돌고 있던 칼은 그녀의 손을 잡았다. 그는 몹시 수줍고 불안하게 그녀의 손을 느슨히, 애원하는 듯 잡고 있었으므로 그녀는 그를 꾸짖어야 한다고 생각하면서도 그러지를 못했다. 꾸짖기는커녕 그녀는 미소를 지으며 아무것도 들고 있지 않은 왼손으로 이 가엾은 애인의 머리를 부드럽게 쓰다듬어 주었다.

"나의 이런 행동을 용서해 주겠지?" 하고 그는 행복에 겨워 물었다.

"응, 귀여운 도련님" 하고 티네는 친근하게 웃었다.

"그렇지만 난 지금 가야 해요. 집에서 기다리거든. 난 지금 소세지를 사와야 해요."

"함께 가면 안 되나?"

"안 돼요. 어리석은 소리! 먼저 집으로 돌아가요. 함께 있는 것을 다른 사람들이 보면 안 돼."

"그럼 편히 쉬어요, 티네."

"그래 빨리 가요. 편히 쉬어요."

아직도 몇 가지 물어보고 싶은 것, 부탁하고 싶은 것이 있었지만, 그는 그것을 완전히 잊고서 행복하다는 듯 포장된 보도를 부드러운 잔디라도 밟듯이 느리고 평온한 걸음걸이로, 눈부시게 밝은 나라에서 오기라도 한 듯이 눈을 감고 사라져갔다. 그는 그녀와 무슨 대화를 나눈 것도 아니지만 그녀를 너라고 불렀고, 그녀도 그에게 똑같이 너라고 불러 주었다. 그는 그녀의 손을 잡았으며, 그녀는 그의 머리를 만져 주었다. 그것만으로도 그는 충분하다고 생각했다. 여러 해가 지난 다음에도 그는, 그날 밤의 일이 생각날 때면 언제나 행복과 고마운 마음이 빛나는 광선처럼 그의 마음에 넘치는 것을 느꼈다.

물론 티네는 다음에 이 일을 곰곰이 생각해 보게 되자, 어떻게 해서 그렇게 되었는지 알 수 없었으나, 그날 밤 칼이 행복을 느꼈고 자기에게 고맙게 생각하고 있었다는 것을 충분히 느낄 수 있었다. 어린애처럼 부끄러워하던 칼의 태도도 잊을 수 없다. 그녀는 그 일이 커다란 불행의 씨가 되리라고는 생각지 못했다. 어쨌든 이 영리한 아가씨는 그때부터 자기에게 열중해 있는 소년에 대해 책임감을 느꼈으며, 될 수 있는 한 평온하고 분명하게 감겨진 실오라기를 따라 그를 바르게 이끌어 주기로 결심했다. 그것은, 가령 한 사람의 첫사랑이라는 것이 아무리 신성하고 감미로운 것이라 할지라도 그것은 그 임시의 것에 지나지 않으며 또한 먼 길을 도는 것에 지나지 않는다는 것을 그녀는 자기의 생활을 통해, 그것도 오래 전의 일이 아니라 최근에 스스로 괴롭게 경험함으로써 알게 되었던 것이다. 그녀는 소년에게 쓸데없는 슬픔을 주지 않고 사건을 해결할 수 있도록 해주고 싶었다.

그 다음에는 일요일에야 바베트의 집에서 만날 수 있었다. 티네는 라틴어학교 학생에게 친절하게 인사하고, 자기 자리에서 한두 번 미소를 지으며 고개를 끄덕이고, 몇 번이나 그를 화제에 끌어넣으려 했다. 아무튼 그에 대한 그녀의 태도는 전과 달라진 것처럼 보이지는 않았지만, 그에게는 그녀의 미소 하나하나가 그를 광채와 열기로 감싸는 불꽃이었다.

며칠 후 티네는 마침내 소년과 분명한 이야기를 하게 되었다. 그것은 방과후의 오후였다. 칼은 다시 그녀의 집 부근에서 그녀를 기다리고 있었다. 그것이 그녀의 마음에 들지 않았다. 그녀는 작은 정원을 지나 집 뒤의 목재 창고로 그를 데리고 갔다. 톱밥과 마른 참나무 냄새가 났다. 거기서 그녀는 그에게 자기의 뒤를 밟거나 길에서 기다리는 것을 엄금한 뒤, 그런 일을 하는 젊은 애인에게는 어떻게 대해야 하는가를 설명해 주었다.

"만나고 싶다면 언제든지 바베트 집에서 만날 수 있어요. 그리고 원한다면 거기서 당신은 언제든지 따라나설 수 있어요. 물론 다른 사람들이 함께 오는 곳까지만이지요. 집에까지 따라와선 안 되고요. 나와 단 둘이 걷는 것도 안 돼요. 다른 사람의 눈을 조심해야지. 그렇지 않으면 이것도 저것도 다 글러버려요. 세상 사람들은 어디서나 눈을 번득이며, 연기가 나는 곳을 보면 곧 불이야 하고 소리친답니다."

"그렇지만, 난 네 애인이잖아?" 하고 칼은 곧 울음이라도 터뜨릴 듯 원망스럽게 말했다. 그녀는 웃었다.

"내 애인이라고! 그래 그것이 어쨌다는 거예요! 그걸 바베트나 고향의 아버지나 선생님에게 말해 봐요! 난 정말 학생이 좋아서 해롭게 할 생각은 없지만, 당신이 내 애인이 되려면, 그 전에 우선 자립해야 돼요. 허지만 그렇게 되려면 아직 멀었어요. 지금 학생은 학생의 몸으로 사랑을 하고 있어요. 내가 학생에게 호의를 가지고 있지 않다면 이런 이야긴 하지도 않을 거예요. 그렇다고 실망할 건 없구요. 실망한다 해도 어떻게 되는 것도 아니니까요."

"그럼 난 어떻게 하란 말야? 넌 내가 좋지 않아?"

"오, 도련님! 그런 뜻이 아니에요. 분별을 가져야죠. 학생 신분으로서 아직 얻을 수 없는 것을 바라서는 안 돼요. 우리는 좋은 친구가 되어 때를 기다립시다. 때가 지나면 무엇이나 제자리로 돌아가게 되죠."

"그래? 그렇지만 난 네게 하고 싶은 말이 있는데."

"뭘?"

"음……저……."

"말해 봐요!"

"…… 내게 한 번만 키스해 줄 수 없을까?"

그녀는 새빨개져서 불안스럽게 묻고 있는 그의 얼굴과 소년다운 귀여운 입을 바라보며, 일순 그의 소원을 풀어줘도 좋을 것 같은 생각이 들었다. 그러나 곧 그녀는 그러한 자기를 나무라고 쌀쌀하게 금발의 머리를 저었다.

"키스라고? 무엇 때문에?"

"그냥 키스할 뿐이야. 화내면 안 돼."

"화내진 않았어요. 하지만 뻔뻔스러워지면 싫어요. 그 얘긴 언제든 다음에 다시 하기로 해요. 알게 되자마자 곧 키스하고 싶어하는군요? 이런 일은 장난으로 해선 안 돼요. 그럼 오늘은 이만. 알았죠? 일요일에 다시 만나요. 그때 또 바이올린 가져오겠죠?"

"응, 물론."

그녀는 그를 돌려보냈다. 그가 생각에 잠겨 의기소침한 모습으로 사라지는 것을 그녀는 지켜보았다. 그러고는 역시 순진한 소년이야, 너무 괴롭게 해쳐서는 안 되겠어, 하고 생각했다.

티네의 경고는 칼에게는 쓰디쓴 약이었지만, 그는 그녀의 말에 따랐고 불쾌하게 생각지는 않았다. 확실히 그는 연애라는 것에 대해 다소 다른 생각을 가지고 있어서 처음에는 상당히 실망했지만, 이윽고 주는 것은 받는 것보다 행복하다, 사랑하는 것은 사랑받는 것보다 아름답고 행복하다는 옛 진리를 발견했다. 그는 사랑을 감추거나 부끄러워할 필요는 없었으며 자신의 사랑에 대해 보상받지는 못했지만 인정받았다는 사실이 그에게 즐겁고 자유로운 감정을 갖게 했으며,

지금까지의 무의미한 생활의 좁은 테두리 안에서 커다란 감정과 보다 높은 이상 세계로 끌어올려 주었다.

그후 그는 가정부들의 모임에서 언제나 바이올린으로 두셋의 짧은 곡을 들려주었다. "이건 당신만을 위한 거야, 티네" 하고 그는 후에 말했다. "달리 아무것도 당신에게 줄 것도 없고, 힘이 되어줄 수도 없으니 말야."

차츰 봄이 가까워오더니 별안간 봄이 되었다. 부드러운 초록의 목장에는 노란 풀꽃이 피고, 먼 산은 남풍이 몰고온 짙은 남빛으로 물들었으며, 나뭇가지에는 엷은 새싹의 베일이 드리워지고, 철새도 다시 돌아왔다. 주부들은 녹색으로 칠한 창 밖의 화초 선반에 히아신스와 제라늄 화분을 올려놓았다. 남자들은 정오가 되면 소매를 걷어 붙이고 대문 앞에서 가벼운 운동을 하였으며, 저녁이면 밖으로 나왔다. 젊은이들은 가슴이 설레어 정열적이 되었으며, 사랑에 빠졌다.

어느 일요일, 이미 녹색으로 변한 계곡 위로 태양이 따뜻한 햇살을 비추며 떠올랐을 때, 티네는 여자친구와 함께 산책을 나섰다. 그녀들은 엠마누엘스브르그 쪽으로 1시간 정도 걸어서 숲속의 성터로 갈 작정이었다. 그런데 거리를 벗어나자 곧 웅성거리는, 전망이 좋은 야외 레스토랑의 정원 곁을 지나게 되었는데, 잔디가 깔린 그 정원에서는 음악이 흘러나오고 있었고, 손님들은 느린 왈츠를 추고 있었다. 그녀들은 그 유혹을 뿌리치고 그냥 지나치려 했지만 발길이 점점 느려지고 무거워졌다. 길은 둥글게 굽어져 있었다. 그 길을 굽어 들 때 그녀들은 멀리에서 감미롭게 흘러나오는 음악의 선율을 다시 듣게 되었다. 그녀들의 앞길은 더한층 느려지더니 마침내 땅에서 떨어지지 않게 되었다. 그녀들은 길가의 목장 울타리에 비스듬히 기대어 서서 음악이 들려오는 쪽으로 귀를 기울였다. 잠시 후 그녀들은 다시 걸을 수 있을 만큼 기운을 되찾았지만, 음악의 힘은 더욱 강하게 그녀들을 뒤로 잡아 끌었다.

"오래된 엠마누엘스부르그 성터가 도망치진 않겠지" 하고 친구가 말했다. 그것으로 둘이는 마음의 위안을 삼고 얼굴을 붉히고 눈을 아래로 내리깔고는 정원으로 들어섰다. 정원에는 나뭇가지와 물오른 밤나무의 갈색 새싹이 무성했다. 그 사이로 하늘이 한층 더 파랗게 웃고 있었다. 멋있는 오후였다. 저녁 무렵 거리로 돌아올 때, 티네는 혼자가 아니었다. 건장한 한 미남자가 정중히 그녀를 보호하고 있었다.

아름다운 티네는 이번에는 좋은 상대를 만난 것이다. 그는 목수 수업중인데, 곧 수목수首木手가 되게 되어 있었고, 곧 결혼도 해야 할 처지였다. 남자는 은밀하게 사랑을 고백했고, 자기의 현재 처지와 앞날에 대해 분명하게 그리고 유창하게 이야기를 했다. 그는 별다른 뜻 없이 두세 번 티네를 본 적이 있었다는 것, 그리고 매우 탐나는 상대로 생각했으며, 일시적인 연애 상대로 즐기자는 것이 아님을 분명히 했다.

그녀는 일주일 동안 날마다 그를 만났다. 그리고 만나면 만날수록 그가 좋아졌고, 무슨 일이 있으면 모든 것을 그와 의논했다. 그 결과 두 사람의 이야기는 매듭을 지어 그들은 서로에 대해서나 친지들에 대해서 약혼자로 통하게 되었다.

처음으로 맛본 꿈 같은 흥분에 뒤이어 티네는 조용하고도 거의 엄숙한 기쁨에 잠겼다. 그녀는 모든 것을 잊고 있었다. 가엾은 라틴어학교 학생 칼 바우어도 잊고 있었다. 칼은 그 동안 헛되이 그녀를 기다리고 있었다.

내버려두고 있던 소년을 다시 생각하게 되었을 때, 그녀는 몹시 가엾은 생각이 들어 이 새로운 사실을 당분간 그에게 알리지 않는 게 좋겠다고 마음먹었다.

그러나 곧 그것은 역시 좋지 않으며 용서될 수 없는 일이라고 생각되었다. 깊이 생각하면 생각할수록 더욱 어려운 일로 생각되었다. 아무것도 모르는 순진한 소년에게 모든 것을 털어놓고 이야기한다는 것은 퍽 어려웠지만, 역시 그것이 사태를 호전시키는 유일한 길이라는 생각이 들었다. 이제야 비로소 그녀는 친절한 마음으로 한 일이긴 했지만 소년과의 관계가 얼마나 위험했던가를 깨달았다. 어쨌든 소년이 그녀의 새로운 관계를 다른 사람에게서 듣기 전에 무슨 수를 쓰지 않으면 안 되었다. 칼에게서 싫은 소리를 듣고 싶지 않았다. 그녀는 분명하게 알 수는 없었지만, 소년에게 사랑의 맛과 예감을 안겨 주었으며, 기만당했다고 하는 생각이 든다면 분명 그것은 소년 자신을 괴롭히게 될 것이며, 경험한 것 그것은 그에게 해독이 되리라는 것을 느낄 수 있었다. 이런 어린애 같은 일이 이토록 자기를 괴롭히리라고는 그녀는 조금도 생각하지 못했었다.

마침내 그녀는 어찌할 수 없어서 바베트를 찾아갔다. 바베트는 물론 연애 사건에 대한 심판자로서는 적임자가 아닐 것 같았다. 그러나 티네는 바베트가 라틴어학교 학생을 좋아하며, 그의 신변을 돌보아 주고 있음을 알고 있었다. 그래서 젊은 애인을 보호자 없는 상태로 놓아두느니보다는 바베트의 비난을 듣는 편이 좋으리라는 생각이 들었다.

비난을 받지 않고는 넘길 수 없었다. 바베트는 티네의 이야기를 시종 주의깊게 조용히 듣고 나더니 화를 내며 마루를 발로 차면서 그녀를 정면에서 꾸짖었다.

"뻔뻔스런 소릴 다하는군!" 하고 그녀는 격한 소리로 티네에게 소리쳤다. "너는 바우어를 위안물로 삼고, 그 앨 야비하게 농락했어."

"욕을 한다고 무슨 소용이 있겠어요, 바베트. 장난삼아 한 짓이라면 당신에게 찾아와서 고백할 것도 없잖아요. 나로서도 그렇게 간단한 일은 아니었어요."

"그래? 그래서 이제는 어찌하겠다는 거야? 누구더러 치닥거리를 하라는 거지, 응? 그래, 나더러 하라는 거야? 그 소년, 그 가엾은 소년 때문이니까 말이지?"

"그래요, 정말 가엾게 생각해요. 그렇지만 들어 봐요. 난 이제 그에게 죄다 털어놓겠어요. 나만 위해서 그러는 건 아니에요. 당신이 미리 알고 있으면 다음에 그가 몹시 마음을 상하더라도 좀 돌봐주시라는 것뿐이죠. 그렇게 해줄 생각이 있으시다면요."

"달리 방법이 없지 않아? 바보, 천치. 이번엔 어느 정도 배운 게 있겠지. 허영에 빠져 하느님의 섭리에 거역하는 것 아냐? 천벌을 안 받아 다행이야."

이 이야기가 있은 후, 나이 든 가정부는 그날 중으로, 자기가 이미 알고 있다는 것을 칼에게 눈치채이지 않게 조심하며 두 사람을 안뜰에서 만날 수 있게 해 주었다.

저녁 무렵이었다. 좁은 안뜰에서 보는 하늘은 좁지만 어슴프레한 금빛으로 불타고 있었다. 그러나 문 쪽은 어두워, 젊은 두 사람이 거기 있는 것을 아무도 볼 수 없었다.

"이봐요, 이야기할 것이 있어요, 칼" 하고 처녀가 먼저 입을 열었다. "오늘 우린 작별해야 해요. 무슨 일이든 언젠가는 끝장이 나게 마련이거든요."

"그렇지만 무엇 때문에? 왜—?"

"나에게 신랑감이 생겼어요."

"신랑감—."

"진정하세요. 그리고 먼저 내 말을 들어줘요. 학생은 날 좋아했고, 나도 학생을 무조건 밀쳐버리고 싶진 않았어요. 그렇지만 난 처음부터 당신에게 나를 애인이라고 생각해선 안 된다고 말했죠, 그렇죠?"

칼은 아무 말이 없었다.

"그랬죠?"

"음, 그랬어요."

"그러니 이젠 분명한 한계를 긋지 않으면 안 돼요. 당신도 너무 어렵게 생각할 필요 없어요. 세상은 아가씨들로 가득해요. 나만이 처녀는 아니에요. 난 당신에게 걸맞는 처지도 아니고요. 당신은 공부를 해서 훗날 멋진 신사가 되겠죠. 꼭 박사가 될 거예요."

"그만둬, 티네. 그런 말은 집어치워!"

"그건 분명해요. 틀림없어요. 그리고 내 말해두겠는데, 첫사랑 같은 것은 정말 진짜가 아니에요. 아주 젊어선, 자기가 원하고 있는 것을 모르는 법이랍니다. 현실이 무언지를 모르는 거죠. 세월이 지나면 그땐 세상을 보는 눈이 완전히 달라져 자기가 틀렸었다는 것을 깨닫게 되죠."

칼은 대답을 하려 했고, 그 말에 반박할 말도 많았지만 하도 괴로워 한 마디 말도 할 수 없었다.

"무슨 말을 하려 했나요?" 하고 티네가 물었다.

"아아, 당신은 아무것도 몰라······."

"칼, 뭣을?"

"아, 아무것도 아냐. 아아, 티네. 난 대체 무슨 말부터 시작해야 한다지?"

"아무 말도 할 필요 없어요. 그저 조용히 있기만 하면 그럼 되는 거예요. 오래 가지 않아요. 세월이 흐르고 나면 잘 되었다고 당신도 기뻐할 거예요."

"당신이 말하는 건…… 그 말은……."

"난 그저 당연한 이야기를 하고 있을 뿐이에요. 내 말이 옳다는 것을 곧 알게 돼요. 지금은 믿으려 하지 않겠지만. 물론 미안해요. 정말 가슴이 아파요."

"미안하다고? 티네, 난 아무 말도 하지 않겠어. 당신 말이 맞겠지. 그러나 무슨 일이든 이렇게 갑자기 끝장을 내다니, 무슨 일이든……."

그는 더 이상 말을 할 수가 없었다. 그녀는 그의 들먹이는 어깨에 한 손을 얹고 울음이 그칠 때까지 말없이 기다렸다.

"들어 봐요," 하고 그녀는 딱 잘라 말했다. "용감하고 총명하게 처신하겠다고 약속하셔야 해요."

"난 총명 따윈 원치 않아! 난 죽고 싶어. 차라리 죽는 것이 더 좋아……."

"안 돼, 칼, 그렇게 자포자기해선 안 돼! 봐요, 당신은 언젠가 내게 키스 받고 싶다고 말했지……. 아직 기억하고 있어요?"

"기억하고말고."

"좋아요. 그럼 당신이 남자답게 용감하게 처신한다면……,

보세요 난 나중에라도 당신이 나를 나쁘게 생각하는 걸 원치 않아요. 난 당신과 사이좋게 헤어지고 싶어요. 그러니 당신이 용감하게 처신한다면, 키스해 드리겠어요. 좋아요?"

그는 고개를 끄덕일 뿐 어찌할 바를 모르며 그녀를 바라보았다. 그녀는 그의 앞으로 바짝다가서서 키스했다. 그는 조용하고 욕심없이 순순히 맡기고 받아들였다. 그녀는 그의 손을 잡아 가볍게 쥐었다. 그러고는 총총걸음으로 문을 지나 복도로 나가더니 사라져 버렸다.

칼 바우어는 그녀의 발자국 소리가 복도에서 울리고 그러고는 사라져가는 것을 들었다. 그리고 그녀가 집을 나가서 바깥 계단을 내려서고, 다시 거리로 나가는 소리를 들었다. 그 소리를 들으면서 그는 다른 일을 생각하고 있었다.

그는 골목길에서 금발의 가정부로부터 따귀를 얻어 맞던 어느 겨울날 저녁을 생각했다. 그리고 또 안뜰로 통하는 입구의 그늘에서 그녀의 손이 머리를 쓰다듬어 주던 이른봄의 저녁을 생각했다. 그때 세계는 마법에 걸려 있었고, 도시의 거리들은 낯설고 축복받은 아름다운 공간으로 보였었다. 그는 전에 켜던 바이올린 곡이 생각났다. 그리고 맥주와 케이크가 나왔던 교외의 결혼식날 밤이 생각났다. 사실 맥주와 케이크는 서로 어울리지 않는다는 생각이 들었지만, 그 이상의 것은 아무것도 생각할 수 없었다. 그는 사랑하는 사람을 잃었고, 배신을 당했으며, 버림받은 것이다. 물론 그녀는 키스를 해주었다, 키스를. 오, 티네!

그는 피곤에 지쳐 뜰 안의 여기저기에 흩어져 있는 상자중 하나에 아무렇게나 걸터앉았다. 머리 위의 좁고 사각이 진 하늘은 붉은 빛으로, 그리고 은빛으로 바뀌더니 그 빛도 금방 사라져버리고, 오랫동안 죽은 듯 조용하고 어두웠다. 몇 시간이 지났는지 달빛이 밝게 비쳤을 때도 칼 바우어는 여전히 상자에 앉아있었다. 그의 짧아진 그림자가 울퉁불퉁한 포장 돌 위에 일그러져 비쳤다.

어린 바우어는 사랑의 세계를 잠깐 넘겨다 본 담 너머 손님에 지나지 않았지만, 그것은 여자의 사랑의 위로를 받지 못하는 생활이란 슬프고 무가치하다는 생각을 갖게 하기에는 충분했다. 그는 공허하고 우울한 나날을 보냈고, 일상생활의 사건이나 의무는 자기와 이미 관련이 없다는 듯 무관심한 태도를 취했다. 그리스어 선생이 멍하니 앉아 있는 이 몽상가에게 벌써 몇 차례나 주의를 주었는데도 아무 소용이 없었다. 성실한 바베트의 맛있는 요리도 아무 효과가 없었다. 그녀의 호의에 찬 격려도 소 귀에 경 읽기 격이었다.

탈선한 이 소년을 공부와 이성의 궤도에 다시 올려놓기 위해서는 매우 엄한 이례적인 교장의 훈계와 명예스럽지 못한 근신처분을 필요로 했다. 졸업을 겨우 1년 남겨두고 낙제를 한다는 것은 어리석고 화 나는 일이었다. 그래, 그는 점점 길어지는 첫여름의 깊은 밤에 머리를 싸매고 공부하기 시작했다. 그것이 회복의 시작이었다.

그는 가끔 티네가 살고 있는 잘츠 가를 찾아갔다. 그는 어째서 단 한 번도 그녀의 모습이 보이지 않는지 알 수 없었다. 그러나 거기에는 그럴 만한 이유가 있었다. 칼과 마지막으로 만난 후 곧 그녀는 결혼준비를 하기 위해 고향집으로 떠나버렸던 것이다. 그러나 그는 그녀가 그 집에 있으면서 자기를 피하는 것이라고 믿었다. 그는 그녀에 대해서는 누구에게도, 바베트에게조차도 묻고 싶지 않았다. 그는 헛걸음을 친 다음에는 잔뜩 화가 나고 서글퍼져서 집으로 돌아오면 격렬하게 바이올린을 켜대거나, 작은 창문을 열고 오랫동안 수없이 많은 지붕들을 조용히 내려다보곤 했다.

어쨌든 그는 기운을 회복해가고 있었다. 그렇게 되기까지에는 바베트도 한 몫 거들었다. 그가 우울한 하루를 보냈음을 알면, 바베트는 거의 언제나 저녁 무렵, 그의 방에 올라와서 노크했다. 그러고는 그가 괴로워하는 원인을 자기가 알고 있음을 그에게 알리지 않고 오랫동안 그의 곁에 앉아 그를 위로했다. 티네의 이야기는 피하고 재미있는 일화를 이야기해 주기도 하고, 반쯤 남은 과실주나 포도주를 들고 와서 그에게 바이올린을 켜 달라거나 이야기를 해달라고 부탁했다. 이렇게 해서 저녁시간은 평온하게 지나갔다. 밤이 깊어 바베트가 돌아가면 칼은 평온한 마음으로 악몽을 꾸지 않고 깊이 잠들 수 있었다. 나이 든 가정부는 작별인사를 할 때마다 즐거운 밤을 보낼 수 있었던 데 대해 감사의 뜻을 표하는 것을 잊지 않았다.

사랑의 병에 걸렸던 소년도 이젠 서서히 옛 생활태도와 명랑함을 되찾았다. 티네가 가끔씩 바베트에게 편지를 써서 자기의 안부를 묻고 있는 것을 칼이 알 리 없었다. 그는 한결 남자다워지고 어른스러워졌다. 학교에서도 뒤떨어진 공부를 따라잡아 1년 전과 거의 같은 생활을 할 수 있었다. 다만 도마뱀 수집이나 새 기르기만은 다시 손대지 않았다. 졸업시험을 치르고 있는 최상급반 학생과의 대화에서 그는 대학에 관한 매혹적인 이야기에 귀를 기울였다. 그는 그 낙원이 보다 가까이에 있음을 느끼고 즐거운 마음으로 여름방학을 기다렸다.

그는 그 무렵에야 비로소 티네가 이미 오래 전에 이 거리를 떠났다는 이야기를 바베트한테서 들어 알았다. 상처는 아직도 쑤시고 아팠지만 이미 나아가고 있었으며, 거의 완쾌되었다고 할 수 있었다.

일이 그것으로 끝났더라면 칼은 첫사랑의 사연을 멋있고 고마운 추억으로 간직하고 오래도록 잊지 못했을 것이다. 그런데 짧은 에필로그가 그를 덮쳐 이 추억은 그로하여금 더욱 잊을 수 없는 것이 되게 했다.

여름방학을 1주일 앞두고 휴가를 기다리던 들뜬 즐거움이 그의 약한 마음속에 아직도 남아 있는 슬픈 사랑의 여운을 지워버렸다. 그는 서둘러 짐을 싸기 시작했다. 그는 숲속에서의 산책, 물놀이, 보트놀이, 딸기와 사과, 그리고 마음껏 즐길 수 있는 휴일들을 생각하면서 오랫동안 맛보지 못했던 즐거움에 들떠 있었다. 그는 행복한 마음으로 뜨거운 길거리를 쏘다녔다. 이미 여러 날 전부터 티네에 대해서는 까맣게 잊고 있었다. 그런 어느 날 오후, 체조시간을 마치고 집으로 돌아가던 도중에 그는 잘츠 가에서 뜻밖에도 티네와 마주치고 말았다. 그는 깜짝 놀라 우뚝 서버렸다. 그는 멈춰서서 머뭇거리며 그녀에게 손을 내밀고는 괴로운 듯 "안녕!" 하고 말했다. 그는 어리둥절한 가운데서도 그녀가 슬픔에 잠겨 낙심하고 있음을 곧 눈치챌 수 있었다.

"건강은 어때요, 티네?" 그는 낮은 목소리로 물었다. 그런데 자기가 친칭親稱을 썼는지 경칭敬稱을 썼는지 생각이 나지 않았다.

"좋지 않아요" 하고 그녀가 말했다. "잠깐 함께 걸어주겠어요?"

그는 되돌아서서 천천히 그녀와 함께 오던 길을 다시 걸었다. 그러면서도 그는 그녀가 예전에는 자기와 함께 걷는 것을 얼마나 싫어했던가 하고 생각했다. 물론 그녀는 약혼을 했으니까, 하고 생각했다. 입을 다물고 있기가 어색해서 그는 약혼자의 안부를 물었다. 그러자 티네는 괴로운 듯 몸을 섬칫 움츠렸으므로 그도 무슨 일이 있었구나 하는 것을 느낄 수 있었다.

"그럼, 당신은 아직 모르고 있었나요?" 하고 그녀는 작은 소리로 말했다. "그분, 입원하고 있어요. 살아날 수 있을지 아직 모르겠어요. 어디가 아프냐고요? 새로 짓는 건물에서 추락하여 어제부터 의식이 없답니다."

두 사람은 묵묵히 걸었다. 칼은 위로할 말이 얼른 생각나지 않았다. 지금 이렇게 티네와 나란히 거리를 걸으며 그녀에게 동정을 해야 하다니, 가슴이 쓰라렸다.

"지금 어디로 가는 길이죠?"

더 이상 침묵을 견딜 수 없어서 마침내 그가 입을 열었다.

"다시 그분에게. 낮에는 내가 곁에 있는 게 해롭다고 쫓겨났었어요."

그는 높은 나무와 울타리에 둘러싸인 건물 사이에 있는 크고 조용한 건물까지 그녀와 함께 걸었다. 그는 남몰래 몸을 떨면서 그녀와 함께 병원 안으로 들어가 넓은 계단을 올라갔다. 그러고는 깨끗한 복도를 지나갔는데, 복도에는 약 냄새가 가득 차 있어서 가슴이 답답해지고 울렁거렸다.

티네 혼자서 번호가 붙은 문 안으로 들어갔다. 그는 조용히 복도에서 혼자 기다렸다. 이런 집에 있어보기는 처음이었다. 회색으로 칠해진 모든 문 안에 감춰져 있는 수많은 공포와 괴로움을 생각하니 그는 몸이 떨려왔다. 그는 티네가 나올 때까지 감히 몸을 움직일 수 없었다.

"약간 좋아졌대요. 아마 오늘 중으로 의식이 돌아올 거래요. 칼, 그럼 안녕. 난 안에 들어가 보겠어요. 정말 고마워요."

그녀는 조용히 다시 안으로 들어가 문을 닫았다. 칼은 문 위에 붙어있는 17이라는 숫자를 아무 생각 없이 몇 번이나 되풀이해서 읽었다. 그는 이상한 흥분을 느끼며 그 섬뜩한 병원을 떠났다. 조금 전까지도 즐거움에 들떠 있던 기분은 완전히 가시고 말았다. 그러나 그가 지금 느끼고 있는 것은 일찍이 겪었던 사랑의 고통은 아니었다. 그것은 훨씬 더 넓고 큰 감정과 체험이었다. 뜻밖에 보고 몸을 떤 그 불행에 비하면 자기의 괴로움 따위는 하찮고 우스운 것에 지나지 않음을 그는 알 수 있었다. 그는 자기의 운명 또한 어떤 특별한 것, 잔인한 것에서 예외일 수 없다는 것, 그가 행복하다고 생각한 사람들도 피할 수 없는 운명의 지배를 받고 있다는 사실을 불현듯 깨달았다.

그러나 그는 좀더 나은, 좀더 유익한 것을 배우지 않으면 안 되었다. 그뒤 계속해서 병원으로 종종 티네를 찾아가고, 그러는 동안에 이윽고 환자가 좋아져서 칼도 가끔 면회할 수 있게 되었을 때에 그는 다시 한 번 전혀 새로운 사실을 체험하게 되었다.

가차없는 운명도 최고의 것이 아니며 궁극의 것이 아니라는 사실과, 약하고 불안하고 짓눌린 인간의 영혼이 그것을 극복하고 그것을 제압할 수 있다는 사실을 그는 깨달았던 것이다. 부상당한 그 남자는 불구자가 되어 의지할 곳 없는 비참한 여생을 보내게 될지, 혹은 그보다는 낫게 될지 그것은 아직 아무도 몰랐다. 그러나 그 불안한 근심을 초월하여 애절한 두 영혼은 충만한 사랑을 즐기고 있음을 칼 바우어는 보았다. 근심에 찌들고 지친 티네가 굽히지 않고 광명과 기쁨을 자기 주변에 넓혀가고 있음을 그는 보았으며, 약해질 대로 약해진 창백한 남자의 얼굴이 고통에 시달리면서도 감사에 넘치고, 즐거운 사랑이 충만한 광채로 빛나고 있음을 칼은 보았다.

이미 여름방학이 시작되었는데도 칼은 티네가 독촉할 때까지 출발을 연기하고 남아 있었다.

병실 앞 복도에서 작별인사를 할 때, 그는 구스테라의 가게 안뜰에서 헤어질 때와는 달리 티네에게 아름다운 이별을 고했다. 그는 그녀의 손을 쥐고 말없이 그녀에게 감사했다. 그녀도 눈물을 흘리며 그를 향해 고개를 끄덕였다. 그는 그녀의 행운을 빌었다. 그리고 그는 자기도 언젠가는 자기 앞에 서 있는 이 가엾은 처녀와 그녀의 약혼자처럼 신성하게 사랑하고 또한 신성하게 사랑받고 싶다는 소망으로 가슴이 뿌듯해짐을 느꼈다.

인도 기행

수에즈 운하에서의 밤

두 시간 전부터 우리는 모기에 시달리고 있었다. 몹시 더운 날씨였다. 지중해의 상쾌하던 기분은 놀랄 만큼 재빨리 사라져서 그 자취를 찾을 수 없게 되었다. 많은 사람들은 단순히 홍해의 악명 높은 더위만을 두려워하고 있다. 그러나 선객의 대부분은 짧은 기간의 휴가를 이용하여 고향을 찾았다가 다시 돌아가는 길이거나, 혹은 처음으로 먼 곳을 향하여 여행길에 오른 사람들이었다. 그들의 고향은 이제 수평선 밑으로 가라앉기 시작했으며, 그 대신에 더위와 모래, 이른 아침, 그리고 모기와 함께 동양東洋이 그들을 엄습해 오고 있었다. 그들은 한결같이 동양을 사랑하고 있지 않았다. 비록 그들은 그곳에서 돈을 벌고는 있지만, 아니 도리어 돈을 벌고 있기 때문에 더욱 사랑하고 있지 않았다. 2등 선실의 식당 안에서 두서너 명의 젊은 독일인이 술잔을 비우고 있을 뿐이었으며. 대부분의 선객은 이미 각자 자기 선실로 돌아가 있었다. 포트사이드에서 승선한 이집트인 검역관은 찌푸린 얼굴로 배 안을 왔다 갔다 하고 있었다.

나는 잠을 청하려고 비좁은 선실의 침대 위에 몸을 눕혔다. 천정에서는 선풍기가 윙윙 소리를 내며 돌아가고, 둥글고 작은 선창에는 무더운 밤의 고요가 칠흑같이 검게 드리워져 있었으며, 작은 모기들이 소리내며 날고 있었다. 제노바를 출발한 이래로 이처럼 배 안이 조용하던 밤은 없었다. 카이로에서 들려오는 조용한 기차 바퀴 소리 이외에는 여러 시간째 어떤 소리도 들리지 않았다. 그 기차는 황량한 긴 둑 위에 갑자기 모습을 드러내고는 마치 요괴처럼 우리 곁을 지나쳐서는 광막한 평원의 갈대 숲 속으로 놀랍게도 재빨리 사라져갔다.

나는 깊은 잠에 채 빠져들기 전에 기관이 갑자기 멎는 바람에 깜짝 놀라 일어났다. 배는 죽은 듯이 꼼짝하지 않고 있었다. 나는 옷을 주섬주섬 주워 입고서 갑판 위로 나갔다. 주위에는 태고의 정적이 도사리고 있었다. 시나이 쪽으로부터 하현달이 희미하게 비치고 있었으며, 먼 곳에 있는 탐조등의 불빛에 스쳐 지나가는 창백한 모랫더미가 시체처럼 광채 없이 드러나 보인다. 끝없는 검은 물줄기에는 독기어린 탐조등의 섬광이 눈부시게 반사하고 있으며, 광채를 잃은 육중한 달 아래에도 수많은 호수와 늪과 웅덩이와 갈대 연못이 처절한 평원에서 누렇게 그리고 볼품없이 흔들리고 있었다. 우리가 타고 있는 이 배는 더 이상 전진하지 않았다. 부르는 소리나 기적 소리도 들리지 않는다. 마치 마법에라도 걸린 듯이 꼼짝하지 않고 있다. 그러나 이 배는 위안받는 현실로서 사막의 한복판에 자리잡고 있었다.

뒤편의 갑판에서 나는 상하이 출신의 키가 작은 멋진 중국인을 만났다. 그는 똑바른 자세로 난간에 기대어 선 채, 그의 영특해 보이는 검은 눈으로 탐조등의 불빛을 좇고 있었다. 더욱이 그는 언제나 한결같은 미소를 짓고 있었다. 그는 《시경詩經》에 통달해 있었으며, 중국어의 모든 시험에 이미 합격하였고, 그 위에 두서너 차례 영어 시험도 치른 바 있었다. 그는 유창한 영어로 물 위에 비친 달빛에 대해 섬세하고 상냥하게 언급하였으며, 나에게는 독일과 스위스의 아름다운 경치에 대해서 찬사를 보내 왔다. 그는 결코 중국을 자랑하는 일이 없었다. 그러나 그가 유럽을 찬양하는 말을 할 때, 매우 정중하게 표현하고 있었지만, 그 말은 마치 큰형이 어린 동생을 향하여 그의 억센 팔을 칭찬할 때와 같은 우월감이 숨겨져 있는 것 같았다. 지금 중국에서는 어쩌면 황제의 운명을 좌우할지도 모르는 혁명이 다시 일어나고 있다는 것은 우리 모두가 익히 알고 있는 사실이었다. 그리고 상하이

태생의 이 몸집이 작은 신사도 물론 우리가 알고 있는 것 이상의 것을 이미 알고 있을 것이며, 지금 귀국 도상에 있는 것도 결코 우연한 일은 아닐 것이다. 그러나 그는 햇볕이 내리쬐는 산봉우리처럼 태연자약했다. 그는 항상 명랑한 기품을 가지고서 모든 불쾌한 질문에 대해 싫은 기색 없이 대답해 주었다. 그의 그러한 태도가 도리어 우리 모두를 어리둥절하게 만들었다. 그러나 나에게는 더 이상 기쁠 수 없는 일이기도 하였다.

운하 기슭에 밝은 조그마한 점이 떠올랐다. 그것은 한 마리의 하얀 개였다. 그 개는 기슭을 따라 얼마만큼 달려가다가는 가느다란 목을 길게 빼고서 우리 쪽을 쳐다보았다. 그러나 짖지는 않았다. 잠시 동안 겁먹은 모습으로 우리 쪽을 조용히 본 다음, 탁한 물 냄새를 맡았다. 그런 후에 일직선으로 기슭을 따라 소리 없이 저쪽으로 달려가 버렸다.

그 중국인은 유럽의 언어들에 대해서 이야기를 계속했다. 그는 영어의 편리함과 프랑스어의 억양의 아름다움을 찬양하고는, 독일어는 거의 알지 못하며, 이탈리아 말은 전혀 배우지 못한 것을 변명하듯 애석해 하였다. 이런 말을 할 때의 그의 얼굴에는 귀염성 있는 미소가 감돌고 있었으며, 그의 축축하게 물기를 머금은 영리한 두 눈동자는 배에서 새어나오는 불빛의 움직임을 뒤쫓고 있었다.

그러는 사이에 거대한 기선 두 척이 아주 조심스럽게 우리 곁을 천천히 지나갔다. 우리 배는 기슭에 닻을 내리고 있었다. 이 커다란 운하는 부서지기 쉬운 값비싼 것으로서 마치 황금처럼 조심스럽게 다뤄지고 있었다.

실론에서 근무하는 영국 관리가 우리들 사이에 말동무로 끼어들었다. 우리는 오래도록 꼼짝하지 않고 죽은 듯한 수면 위에 시선을 던지고 있었다. 달은 벌써 다시 지기 시작했다. 고향을 떠난 지 이미 여러 해가 되는 것 같았다. 우리가 타고 있는 이 다정한 배 이외에는 나에게 말을 붙이는 것은 아무것도 없었으며, 또 가깝고 사랑스러운 것, 아니 나를 위로해 주는 것이란 아무것도 없었다. 몇 개의 널빤지 걸쇠들, 그리고 불빛이 내가 갖고 있는 전부였다. 여러 날이 지난 지금, 그동안 귀에 익혀 온 이 기관 소리가 갑자기 뚝 그치자 나는 불안에 사로잡혔다.

중국인은 그 영국인 관리와 고무 시세에 대해서 이야기하고 있었다. 나는 그 사이 여러 번 러버rubber란 낱말을 들었다. 열흘 전만 해도 알지 못했던 이 낱말이 지금은 동양의 유행어로서 귀에 익어 있었다. 중국인은 정확하고 상냥하고 또한 정중하게 이야기를 엮어 나갔다. 흐릿한 전기 불빛에 비친 그의 얼굴은 시종 미소를 짓고 있었는데, 마치 부처 같았다.

달은 작은 원을 그리며 잿빛 언덕 너머로 기울었다. 그와 동시에 늪과 호수의 수많은 차고 섬뜩한 섬광도 자취를 감추었다. 밤의 장막이 짙게 드리워졌으며, 그 장막을 뚫고 탐조

등 빛줄기가 무시무시하고 소리 없이, 마치 운하처럼 직선을 그으며 달리고 있었다.

아시아에서의 저녁

저녁 무렵 우리는 페낭에 닿았다. 이스턴 앤드 오리엔탈호텔(이 호텔은 내가 인도지나 반도에서 묵은 가장 훌륭한 유럽식 호텔이었다)의 방이 네 개 달린 호화로운 주거가 나에게 배당되었다. 베란다 앞에서는 짙푸른 파도가 암벽에 부딪히고 있었으며, 붉은 모래밭에는 저녁 햇빛을 받은 거목巨木들이 의젓하게 서 있었다. 우람한 용龍의 날개와도 같은 수많은 정크의 적갈색 또는 황갈색의 닻이 저녁 햇살을 받아 번쩍이고 있었다. 그 뒤편에는 페낭 해변의 흰 모래사장과 파아란 섬의 산들, 그리고 아름다운 만灣을 가진, 밀림이 울창한 산호섬들이 점점이 떠 있었다.

수주일 동안의 숨막힐 듯 비좁던 선실의 궁색한 생활에서 풀려나온 나는 무엇보다 먼저 한 시간 족히 내 방의 넓은 공간을 즐겼다. 통풍이 잘 되는 응접실에 있는 지나치게 호화스러운 긴 의자에 앉아 있을 때, 철학자의 눈과 외교관의 손을 가진 작은 중국인 웨이터가 발소리도 없이 차와 바나나를 날라 왔다. 나는 욕조에 몸을 담근 후 탈의실에서 몸을 닦았다. 그런 다음 화려하게 꾸며놓은 식당으로 발길을 옮겨서 훌륭한 솜씨로 연주하는 음악을 들으면서 음식을 맛보았을 때에 처음으로 가벼운 환멸을 느꼈다. 이 영국식 호텔의 음식 맛은 정말 볼품이 없었다.

그러는 동안에 별 하나 없는 새까만 어두운 밤이 되었다. 거대한 이국의 수목들은 숨막힐 것 같은 후텁지근한 바람을 받고 기분 좋게 살랑거리고 있었으며, 아직 한번도 본일이 없는 커다란 풍뎅이와 매미, 그리고 별들이 여기저기서 마치 어린 날짐승처럼 날카롭게, 마음 내키는 대로 마구 소리를 지르고 있었다.

나는 모자도 쓰지 않고 가벼운 차림으로 슬리퍼만 신고 넓은 거리로 나왔다. 지나가는 인력거꾼을 불러 세워 모험자와 같은 들뜬 기분으로 그 경쾌한 차 속으로 뛰어든 다음, 남 몰래 익힌 말레이시아 어로 침착하게 말을 걸었다. 그러나 이 날쌔고 억척스러운 인력거꾼은 내 말을 거의 알아듣지 못했다. 나도 또한 그의 말을 알아듣지 못했다. 그는 이런 경우에 어느 인력거꾼이든 모두 그러하듯이 사람 좋은, 그리고 어린 아이 같은 사심 없는 동양인 특유의 미소를 짓고는 몸을 날려 즐거운 듯 달리기 시작했다.

시내 중심가에 닿았다. 골목과 골목, 광장과 광장, 그리고 집과 집, 모두 놀랍고 무한히 긴장된 삶을, 그리고 반면에 지극히 조용한 삶을 영위하고 있었다. 어느 곳에 가든 눈에 띄지 않는 동양의 지배자 중국인이 있었다. 어느 곳에 가나 중국인 상점이 즐비했고, 중국인이 경영하는 가설극장이 있었으며, 중국인 직공, 중국인이 경영하는 호텔, 클럽, 찻집, 음식점이 있었다. 그리고 간혹 말레이 인이나 클링 인이 들끓는 거리가 있었다. 검은 머리 위의 흰 터번, 번들번들 윤이 나는 남자들의 청동색 등허리, 금 장신구로 범벅이 된 조용한 여인들의 얼굴, 이들이 갑자기 불빛에 드러나곤 했다. 불룩한 배와 정말 아름다운 눈동자를 가진 구릿빛 어린이들이 왁자지껄 웃으며 떠들고 있었다.

여기에는 휴일인 일요일이나 밤도 없는 것 같았다. 뚜렷한 휴식도 없이 끊임없는 작업이 유유히 그리고 고르게 끝없이 계속되고 있었다. 신경질적인 긴장의 그림자는 찾아볼 수 없고, 오직 곳곳에서 영위되는 부지런하고 명랑한 활동이 있을 뿐이었다. 거리의 상인들은 점포 위에 만들어놓은 높은 좌대 위에 행인을 향해 참을성 있게 웅크리고 앉아 있었으며, 떠들썩한 길가에서는 이발사가 묵묵히 의젓한 자세로 가위질을 하고 있었다. 구둣방에서는 스무 살 정도의 직공이 망치로 두드리며 꿰매고 있었으며, 낮고 널찍한 좌대 위의 이슬람 교도 상인은 아름다운 비단을 펼쳐놓고 있었다. 그러나 그 비단은 대부분 유럽 산이었다. 일본인 창녀들은 하수도가에 쭈그리고 앉아서 살진 비둘기 같은 소리를 내고 있었으며, 중국인 누각에는 육중한 제단이 금빛 찬란하게 빛나고 있었다. 길가로 불쑥 튀어나온 이층의 열려진 베란다에서는 늙은 중국인들이 냉정한 몸매와 핏발 선 눈초리로 흥분에 싸인 채 도박에 열중하고 있었다. 다른 사람들은 길게 누워 쉬고 있거나 그렇지 않으면 담배를 피우며 음악에 귀를 기울이고 있었다. 그 음악은 미묘하고 한없이 복잡한 리듬을 가진 정밀한 중국의 악곡이었다. 요리사는 한길에서 음식을 끓이고 삶곤 하였으며, 배가 고픈 자는 나무로 만든 긴 식탁 앞에서 식성껏 음식을 골라 먹고 있었다. 그들은 내가 호텔에서 3달러를 치르고서 먹은 바로 그 음식을 단 10센트를 지불하고서 먹고 있음에 틀림없었다. 과일장수는 듣지도 보지도 못한 열매를 팔고 있었다. 그것은 나태하고 지나치게 무성한 어느 식물의 환상적인 발명품임이 분명했다. 조그마한 노점에는 빈약한 물건들만이 놓여 있었다. 한줌의 건어乾漁나 세무더기 정도의 구장蒟醬(역주=인도산 야채) 같은 것들이 조심스럽게 촛불에 드러나 있었다. 여기 중국인이 특히 좋아하는 여러 가지 조명을 받고 동방의 동화에 나오는 모든 인물들이 예나 마찬가지로 그 모습을 드러내고 있었다. 단지 왕과 대신과 그리고 형리形吏들의 모습만이 부분적으로 사라졌을 뿐, 수백년 전과 다름없이 솜씨 좋은 이발사는 가위질을 해대고, 분을 바른 창녀는 춤을 추고, 하인은 상냥한 미소를 지으며, 주인은 자만스럽게 눈동자를 굴린다. 일거리를 찾는 운반인들은 언제나와 마찬가지로 일거리를 기다리며 웅크리고 앉아

구장을 씹으며 서로 이야기를 나누고 있었다.

나는 중국인의 가설극장으로 들어섰다. 극장 안에서 남자들은 말없이 담배만 피우고 앉아 있었으며, 여인들은 묵묵히 앉아서 차를 홀짝홀짝 마셨다. 그들이 앉아있는 높다란 좌대 앞에서는, 흔들리는 널빤지 위에 올라앉아 차를 따르는 사람이 커다란 놋쇠 가마솥을 가지고서 위태위태한 곡예를 연출하고 있었다. 널따란 무대 위에는 한 떼의 악사들이 앉아 있었으며, 그들은 곡예의 반주곡을 연주하며 멋들어지게 박자를 맞추었고, 주인공의 힘찬 발걸음마다 부드럽게 소리나는 나무북이 힘찬 박자를 맞추었다. 옛 전통 의상을 입고서 고풍의 풍악을 연주하는 중이었다. 그러나 나는 조금도 이해할 수 없었다. 10분의 1도 구경하지 않고 나는 자리를 떴다. 그 작품은 지독히 긴 것으로서 밤과 낮을 이어 계속되는 것 같았기 때문이다. 그것은 모든 것이 자로 재어지고 연구되어, 예로부터 전승된 신성한 법칙에 의해서 정리되고, 율동적인 예식에 의하여 양식화된 것 같았다. 동작 하나하나가 정확히, 그리고 심사숙고한 끝에 표현되었다. 또한 그 움직임 하나하나는 규칙에 따른 것이었고, 의미심장한 것이었으며, 연구에 의해 표현력이 충만한 음악으로 유도되는 것이었다. 유럽의 어떠한 오페라에서도 음악과 무대의 동작이 여기 이 소극장에서와 같이 완벽하고 정확하게, 그리고 조화를 이루어 공존할 수는 없었다. 아름답고 단조로운 하나의 선율이 여러 차례 반복되었다. 그것은 단조短調의 변화 없는 가락으로, 그 후 나는 무척 애써 보았지만 결국 외울 수는 없었다. 그 뒤에도 여러 차례 들었지만 그럴 수밖에 없었던 것은, 그 선율의 흐름이 언제나 한결같지 않았으며, 중국풍의 기본 선율이긴 했으나 그 변화는 헤아릴 수 없이 많았고, 게다가 중국의 음계는 우리 유럽의 것과 비교하면 훨씬 미소한 차이의 소리를 가지고 있어서 우리에게는 구별할 수 없는 경우가 많았기 때문이다. 단지 귀에 거슬리는 것은 북소리와 종소리가 너무도 빈번히 쓰이고 있다는 점이었다. 그것만 제외한다면 이 음악은 매우 섬세하며, 저녁 무렵, 잔치집 베란다에서 울려나올 때에는 더없이 흥겹고, 때로는 몹시 정열적이고 음악적이어서 유럽의 어떠한 훌륭한 가곡에도 비견할 수 있었다. 극장 안의 원시적인 전기 조명만을 제외한다면 유럽적 내지 이국적인 요소란 하나도 찾아볼 수 없었다. 철저하게 양식화樣式化한 전통적 예술이 그 오랜 신성한 원圓을 맴돌고 있었다.

  그 후에 길을 잘못 들어 말레이 극장에 들어갔던 일을 나는 후회하고 있다. 그곳에서는 말레이 인의 모방근성을 부추겨 크게 성공한 중국인 작가 첵크마이의 추악하기 그지없는 연극이 공연되고 있었다. 그것은 모든 유럽 예술로부터 빗나간 일종의 희화戱畵였다. 온 극장 안이 파장의 술집 같은 익살과 절망으로 가득 차 일순간 경련적인 폭소가 휩쓸고 지나간 뒤에는 더 이상 자리에 앉아 있을 수 없었다. 보기 흉한 의상을 걸친 말레이인 연기자들은 바리에테 풍으로 알리바바의 이야기를 연기하고 노래하고 춤추었다. 그 후에 다른 여러 곳에서 보았듯이 여기에서도 나는 유럽의 가장 나쁜 영향을 받아 희생의 제물이 된 가련한 말레이 인을 보았던 것이다. 그들은 나폴리식의 격정을 흉내내기도 하고, 때로는 즉흥적으로 천박하기 그지없는 기교를 부려 연기하고 노래했으며, 그것에 맞추어 오르간을 현대식으로 연주하기도 했다.

밤늦게 시내 중심가를 떠났을 때, 내 뒤편에 있던 거리거리는 아직도 야반夜半을 지난 채 환락이 작열하고 소음이 그치지 않았다. 호텔에서는 어떤 영국인이 호젓한 밤을 즐기기 위해서 고지高地 바이에른의 요들 사중창의 레코드판을 틀고 있었다.

인력거를 타고

맑은 날씨에 싱가포르의 거리를 인력거를 타고 달리는 것만큼 즐거운 일은 없을 것이다. 먼저 인력거꾼을 물색하여 차에 오른다. 차 안에서 바깥 경치에 시선을 보내는 한편, 인력거꾼의 등허리에 줄곧 주의를 게을리 하지 말아야 한다. 그는 춤추듯 흔들며 총총 걸음으로 박자를 맞춰서 달리는 것이다. 그의 노출된 윤기 나는 황갈색 등허리, 그 아래에 같은 색깔의 스포츠로 단련된 건장한 노출된 두 다리, 그 중간에 색이 바랜 청색 아마포 잠방이, 그 잠방이 색깔은 황갈색 몸통과 갈색 거리, 그리고 그 도시 전체와 대기大氣와 그 세계와 미묘한 조화를 이룬다. 대부분의 거리의 광경이 미묘한 조화를 이루고 있는데 대해 우리는 중국인에게 감사하지 않으면 안 된다. 중국인은 장신술裝身術에 도통하고 있었으며, 청색·백색·흑색의 의상을 입고 무수히 떼를 지어 거리를 가득 메우고 있었다. 그들 사이로 흑갈색의 여윈 몸통과 금욕적인 눈동자를 지닌 타밀 사람들과 기타 인도인들이 의젓한 자세로 당당하게 활보하고 있었다. 그들은 한 사람 한 사람이 모두 얼핏 보기에는 왕위를 빼앗긴 라자(Rāja : 동인도의 왕)처럼 보였지만, 그들 모두는 하나같이 말레이 인과 마찬가지로 니그로적 절망에 빠져 있었으며, 모든 외래품에 대해서는 사족을 쓰지 못하는 듯, 일요일의 하녀처럼 몸에 주렁주렁 걸치고 있었다. 몹시 아름답고 검은, 그리고 기품 있는 눈초리를 가진 사람들이, 우리 고국에서라면 환상에 사로잡힌 젊은 점원들이나 가장무도회에서 입을 것 같은 요란한 색깔의 야한 의상을 입고 활보한다. 정말 의상의 만화라고밖에는 달리 표현할 길이 없다. 우리네 서양의 약삭빠른 상인들은 인도의 비단이나 아마포를 무용지물로 만들어버리고는 면직물에다 아시아에서는 일찍이 볼 수 없었던 요란한 인도풍의 방종하고 거칠고 독살스러운 색채로 염색하거나 나염을 했었다. 그리하여 선량한 인도인과 말레이 인들은 온통 그들의 단골손님이 되어 청동색 허리에 유럽에서 건너온 값싸고 화려한 천을 감고 다녔다. 이와 같은 모습의 인도인이 몇 명만 모이면 활기찬 거리의 색조色調를 어지럽게 하였고, 불순한 동양으로 탈바꿈시키는 것이었다. 그러나 그들도 이곳에서는 결코 성공하지 못한다. 그들이 아무리 왕자답게 걷고 앵무새처럼 찬란하다 할지라도 중국에서 온 겸허한 황색 인종에게 둘러싸이면 기를 펴지 못한 채 조용히 웅크리고 있을 따름이다. 이 황색 인종은 수많은 거리에 흩어져 있으나 밀집하여 살고 있으며, 부지런히 일하고 있다. 똑같이 제복을 입혀놓은 듯한 이 개미처럼 슬기로운 중국인의 무리, 그들 중 어느 한 사람도 빛깔에 홀려 제왕처럼 또는 어릿광대처럼 몸을 단장하려 하지 않았다. 그들은 단지 청색·흑색·백색의 끝없는 무리를 지어 싱가포르 전역을 뒤덮고 있으며 지배하고 있다.

 길게 뻗은 잘 정리된 평온한 거리도 중국인 덕택이다. 즐비하게 늘어선 청색 집들은 조용히 이마를 맞대고 있다. 그 한 채 한 채의 집은 서로 조화를 이루고 서로를 돋보이게 하고 있다. 그리고 적어도 파리 거리에서나 볼 수 있는 세련된, 그러나 두드러지게 눈에 띄지 않는 방법으로 서로 조화를 이루고 있다. 한편 넓고 아름답고 청결한 기분 좋은 도로와 교외에 있는 우아한 정원 지대와 수목이 울창한 훌륭한 신新 시가지는 영국인 덕분일 것이며, 이곳은 또한 싱가포르 전역에서 아마도 가장 아름다운 곳이리라.

　해안 바로 정면의 거리는 정오가 되면 사람 그림자 하나 찾아볼 수 없을 만큼 한가롭다. 그 거리는 용서 없이 내리쬐는 햇볕 속에 엄청나게 크게 보이는 넓고 아름다운 운동경기장과 오만한 큰 건물들 사이에 있으며, 아름다운 거목의 당당한 가로수가 서 있고, 그 가로수가 뻗어 나간 가지에는 언제나 시원하고 언제나 녹음 짙은 거대한 성당 같은 것을 이루고 있다. 아침에 이곳으로 차를 모는 것은 즐거운 일이다. 반짝이는 바다와 무수한 배와 돛, 그리고 흔들리는 작은 배 위에는 따가운 햇살이 비스듬히 쏟아지며, 바다와 배와 그리고 섬들의 뒤편으로 멀리 펼쳐진 수평선을 따라서 뭉실뭉실 새하얀 아침 구름이 탑이나 거목처럼 기괴한 모습으로 떠 있다. 그리고 한낮에는 주위의 모든 풍물이 작열하는 열기에 휩싸여 어찌할 바를 모르고 있는 것도 역시 아름다운 풍경이다.

　이러한 눈부신 열기에서 벗어나 저 녹음 짙은 나무 그늘 속으로 기어들어가는 것은 따가운 한낮에 시장 광장에서 빠져나와 어두운 원형 천정이 있는 서늘한 성당 안으로 들어서는 것과 다를 바 없다. 그러나 해질 무렵 비스듬히 내리비치는 햇살은 따사로운 금빛에 넘쳐흐르고, 바다 쪽에서는 향기로운 바람이 상쾌하게 불어올 무렵이면, 사람들은 살았다는 듯 흰 옷을 입고서 산책을 즐기며, 저녁 햇볕을 받아 녹옥綠玉처럼 빛나는 잔디밭에서 공치기 놀이를 즐긴다. 그러고서 밤의 장막이 내리면 그들은 요정의 동굴을 찾듯 푸른 수목이 울창한 뜰로 발길을 옮긴다. 수관樹冠의 조그마한 틈새로 녹색 빛을 발하는 별빛이 새어나오고, 별빛처럼 차가운 빛을 발하는 개똥벌레 떼가 어둠을 비추고, 바다 위에는 헤아릴 수 없이 많은 배들이 빨간 눈을 반짝이며 신비로운 바다의 도시를 이룬다.

도시의 외곽을 달리는 전원田園 도로는 한없이 계속된다. 평탄하고 아름답고 나무랄 데 없이 손질된 가로를 따라 어디까지나 차를 몬다. 조용한 길은 도처에서 갈라져 울창한 정원을 따라 한적하고 서늘한 별장으로 통하고 있으며, 별장은 하나같이 나에게 향수를 일깨워 주며, 또한 그것은 행복을 간직하고 있는 것처럼 보인다. 머리 위 어디를 둘러보아도 경탄할 녹음의 세계가 조용히 그리고 상쾌하게 숨쉬고 있으며, 그 녹음은 몇 시간을 걸어도 끝날 줄 모르는 공원을 이루고 있다. 그 수목들은 떡갈나무, 너도밤나무, 자작나무, 물푸레나무를 연상케 했으나, 어느 것이든 얼마간은 이국적이고 동화적인 정취를 자아내며, 우리가 알고 있는 나무들보다는 크고 무성한 편이었다.

갑자기 집들의 처마가 시야에 들어온다. 점포에서, 공장에서, 꿀벌처럼 부지런히 일하는 중국인의 생활 구역으로 들어섰다. 금으로 도금한 도자기와 밝은 황색 유기그릇 등이 진열장에서 반짝였으며, 뚱뚱한 인도 상인들이 높다랗게 쌓아올린 비단옷감 사이에 만들어 놓은 얕은 좌대에 앉아 있거나 다이아몬드와 녹색 흑옥黑玉으로 가득한 보석상자에 활을 올려놓고 비스듬히 기대고 있었다. 활기 넘친 거리 풍경은 흐뭇하게도 이탈리아의 도시를 연상시켰으나, 성냥팔이 소녀가 소리 높여 손님을 부르는 이탈리아와는 달리 그 거북스런 외침은 조금도 들리지 않았다.

또다시 야트막한 처마와 나무들이 뒤섞여 잇달아 나타난다. 거의 전원풍의 변두리 공기를 마시는가 했더니, 곧 야자나무 아래로 나오게 되었다. 종려나무 잎으로 지붕을 이은 낮은 움막, 염소, 알몸의 어린이들. 말레이 인이 사는 마을이었다. 눈길이 닿는 모든 곳에는 잎이 죄다 떨어진 종려나무들이 우뚝우뚝 서 있었으며, 그 밑에는 어슴프레한 저녁이 도사리고 있었다.

주위 경치가 눈에 익고, 나의 의식이 직선적으로 양식화된 종려나무 세계와 수풀이 있는 뒤죽박죽이 된 공원 풍경을 선명하게 분간할 수 있게 되자 곧 모든 것은 사라졌고, 내 눈은 황급히 망각의 저편으로 돌려졌다. 그곳은 바닷가였다.

종려나무가 울창한 평평한 개펄에는 몇 척 안 되는 배가 있었다. 그곳은 매우 새롭고, 어느 곳보다 조용한 넓디넓은 바닷가였다. 그 뒤에는 활 모양으로 구부러진 섬들이 푸른 언덕의 실루엣을 물 위에 그리고 있었으며, 그 섬들은 용의 날개처럼 무수한 갈비뼈로 하늘을 찌르는 듯한 저 거대한 중국의 범

선의 모습을 닮아서 모든 것을 위압하듯 우뚝 솟아 있었다.

눈요기

만약 지금 나의 웨이터가 병마개를 뽑았을 때, 그 병 속에서 탑처럼 높은 이프리트(역주=아라비아 신화에 나오는 거대한 요괴)가 솟아올라 나의 세 가지 소원을 들어 준다면, 나는 서슴지 않고 건강과, 젊고 아름다운 여인을 곁에 두는 것, 그리고 1만 달러 이상의 돈을 자유롭게 쓸 수 있도록 해달라고 했을 것이다.

그러고는 인력거를 부를 것이다. 짐을 실어 나르도록 다른 하나의 인력거를 특별히 빌어 놓고, 우선 2, 3천 달러를 아무렇게나 호주머니에 구겨 넣고서 시내로 나갈 것이다. 그러나 거지 아이들의 동냥을 청하는 소리에는 귀를 기울이지 않을 것이다. 그들은 사방에서 '아버지! 아버지!(O father, my father!)' 하고 소리 지르며 몰려와 나의 예쁜 여인을 놀라게 할 것이다. 그 거지애들 대신에 나는 날마다 호텔 앞에서 바쁘게 장난감을 팔고 있는 열한 살짜리 중국 소녀에게 1달러를 적선해 줄 것이다. 그녀는 방금 말했듯이 열한 살이지만, 키나 외모로 보아 훨씬 어려 보인다.

그러나 거리에서 장사를 시작한 지 벌써 6년째나 된다고 한다. 그것은 그 애 자신이 나에게 들려준 말이었다. 만약 어떤 나이 지긋한 싱가포르 인이 그 애의 말이 정말임을 나로 하여금 믿게 하지 않았던들 나는 남에게 이런 말을 전하지는 않을 것이다. 그 키가 작고 깡마른 소녀는 아름다운 중국인이 늙을 때까지 잃지 않는 그러한 예쁘고 앳된 얼굴을 하고 있었다. 또한 그녀는 영리하고도 날카로운 눈동자를 지니고 있었으니, 어쩌면 싱가포르에서 가장 유망하고 가장 스마트한 중국 소녀였는지도 모른다. 또한 그럴 수밖에 없었던 것은 그 소녀의 연약한 팔로 수년 동안 다섯 명의 가족을 부양해 왔으며 그녀의 모친은 가능하기만 하면 일요일에 초호우르(역주=말라카 남쪽의 소왕국으로, 면적 1만 8천 평방미터에 인구는 약 20만이며 유람지로 유명함)에 놀러가곤 했기 때문이다. 그 소녀는 머리를 예쁘게 땋아 늘어뜨리고 검정색 헐렁헐렁한 바지에 퇴색한 청색 블라우스를 걸쳤을 뿐이었다. 그러나 아무리 늙어빠진 여행자일지라도 그 소녀를 향해 물건 값을 깎거나 놀려 그 애를 한순간이라도 당황케 할 수는 없었다. 유감스럽게도 그 애의 자본은 아직은 매우 보잘것이 없어 시장을 좌우할 정도는 아니지만 언젠가는 그렇게 될 것이리라. 또한 그 애가 어린아이다운 앳된 모습과 매끈매끈한 소녀다운 얼굴이 암시적으로 효력을 발할 때까지만 장난감 장사를 하게 될 것이라는 것은 단지 그녀의 현명함이 시키는 상술일지도 모른다. 나중에는 젊고 부유한 신사들이 필요로 하는 물건을 팔게 될 것이고, 그리고 결혼한 후에는 도자기나 청동기青銅器 따위 골동품을 취급하여 마침내 투기사업에 몸을 던져 돈을 모으게 될 것이며, 마침내는 재산의 반을 들여 터무니없이 호화로운 저택을 마련하게 될 것이리라. 그리고 그 저택에는 수없이 많은 방에 수많은 램프가 불을 밝힐 것이고 황금으로 된 거대한 불상佛像이 찬란하게 빛나겠지.

 그래서 나는 그녀에게 1달러를 희사하려 한다. 그녀는 별로 놀라워하거나 고마워하는 기색도 없이 나의 적선을 받아들일 것이고, 그러면 우리는 하이 스트리트를 향해 인력거를 달리게 할 것이다. 우선 나는 옆길로 들어서서 가장 유명한 등의자 가게 앞에 인력거를 세우고, 나와 나의 연인을 위해서 몇 개의 긴 의자를 즉석에서 주문할 것이다. 가장 정교한 재료로 정성들여 우리 몸에 꼭 맞도록 만들게 하고, 거기에다 작은 차 탁자와 책꽂이와 담배 케이스를 곁들일 것이다. 그리고 발이 고운 왕골로 만든 새장을 첨가하는 것도 또한 즐거운 일일 것이다.

 하이 스트리트에서는 먼저 인도의 보석상으로서 인력거를 몰 것이다. 그들은 유럽과의 교역이 지나치게 많기 때문에 이제는 옛날처럼 순박한 눈으로 상품을 분별할 수 없게 되었다. 그들은 영국이나 프랑스의 디자인에 따라 세공細工하며, 이다 아르나 포르츠하임(역주= 이 두 도시는 독일의 대표적인 귀금속 공업지임)에서 물건을 구입해 온다. 그러나 그들이 팔고 있는 보석들은 대개 아름답다. 끈기 있고 차분하게 살피면 적어도 홍옥紅玉을 박아 넣은 순금제 멋진 팔찌와 푸르스름한 월장석月長石을 끼운 가늘고 화사한 목걸이 정도는 틀림없이 찾아낼 수 있으리라. 우리에겐 시간의 여유가 얼마든지 있다. 또한 상인들에게서는 아시아에서나 세계의 어느 곳에서든 충분한 시간과 참을성과 친절함을 헤아릴 수 없을 만큼 찾아볼 수 있다. 그러므로 두 시간 정도 유유히 점포 안을 기웃거리며 물건이란 물건은 죄다 관찰하고 가격을 물어본 후에 물건을 사지 않고서 발길을 돌릴지라도 전혀 마음에 꺼릴 건 없다.

그런 다음에는 만면에 웃음을 지으며 중국인 가게로 들어설 것이다. 점두店頭에는 양철로 된 상자나 칫솔 따위가 놓여 있고, 다음 방에는 완구와 종이로 만든 세공품이 있을 것이며, 그 다음 방에는 청동기나 상아로 만든 조각품이 있고, 제일 구석방에는 불상佛像이나 꽃병이 진열되어 있을 것이다. 여기에서는 유럽의 오페레타 취미 따위는 점포의 중앙까지만 침투되어 있을 뿐이다. 그 안쪽에는 비록 모조품이나 가짜는 있을지라도 그 형태는 순수하며 얼음처럼 차가운 위엄에서 시작하여 음란의 극치를 이룬 쾌락에 이르기까지 중국인이 느낄 수 있는 거의 일체의 상품이 진열되어 있다. 여기에서는 길다란 코를 높이 추켜든 철제 코끼리와 녹색과 청색 용이나 공작을 그려 넣은 두서너 개의 도자기 접시와, 가정이나 전쟁하는 광경을 그려 넣은 황금의 옛 찻잔을 살 것이다.

다음에는 일본인 상점으로 갈 것이다. 여기에서는 무엇보다 사기당하지 않도록 조심해야 한다. 은그릇이나 도자기는 물론, 서화書畵나 목각 품에도 손을 대서는 안 되며, 다만 하잘것 없는 사소한 완구를 잔뜩 사기로 한다. 얇은 나무로 만든 변덕스러운 부채, 숨겨진 곳을 손가락으로 눌러 여는 나무로 세공한 향내를 풍기는 조그맣고 예쁜 나무상자, 열심히 연구하여 짝을 맞추는 나무와 뿔로 만든 수數 따기 장난감, 쥐면 30개의 부분으로 나눠지며, 다시 조립하는 데 1주일간의 휴가를 다 소비할 수 있는 공들, 인간이나 동물의 조그마한 모습들, 이것들은 독일의 모든 공예가를 총동원한다 해도 만들어 낼 수 없는 것이다. 단순한데다 이처럼 표현력이 풍부한 조형 예술품을 단돈 50센트로 구입할 수 있다.

그 다음은 자바와 타밀 인의 가게 차례다. 새와 나뭇잎, 달팽이와 세모꼴 무늬가 있는 오래된 납염蠟染의 허리싸개, 낙조를 닮아 눈부시게 빛나는 남수마트라의 호화로운 비단으로 만든 허리싸개, 금빛과 주홍빛 또는 카레와 같은 연두색 중국 비단과 인도 산 비단으로 만든 스카프나 허리띠, 바늘 끝처럼 끝이 뾰족하고 일본식 나막신처럼 활같이 휜 은과 진주로 장식한 조그맣고 딱딱한 여자용 구두. 내가 사고 싶은 것은 연두색 허리싸개와 갈색 허리싸개 모양의 바지, 그리고 녹색 빌로드 모자, 시원하고 짧은 황색 비단잠옷이다.

다음은 레이스 차례지만 그것에 대해서 나는 완전히 무지에 가깝다. 따라서 그것은 나에게 너무나 비싸게 취급받게 된다. 그 다음은 상아 세공품이다. 사찰寺刹 모형, 부처와 잡신雜神의 모형, 재킷의 단추, 지팡이의 손잡이, 그리고 원형의 상아 주사위, 또 장난감, 인형과 같은 작은 상자 따위이다.

그 밖에 잊지 말아야 할 것은 중국인 마을로 들어가 변두리에 있는 노스 브리지 로드(North Bridge Road)에서 하차하는 것이다. 그곳의 즐비한 상점에서는 헌 옷가지나 고물들을 살 수 있다. 장화와 선원용 은제 회중시계, 낡은 남자 의복과 놋쇠로 된 담뱃대 외에도 골동품인 청동제 접시와 꽃병도 눈에 띄고 참을성 있게 찾노라면 의외로 옛날 진품 도자기도 발견할 수 있다. 그러나 그 가게의 어두컴컴한 한쪽 구석에는 정말 아름다운 중국 장신구가 유리 상자에 틀림없이 진열되어 있다. 보석이나 진주를 수수하게 박아 넣은 금이나 은으로 만든 옛날반지, 모든 종류의 가늘고 긴 금사슬, 그것들은 모두 상쾌하고 청명한 황금으로 만든 것이다.

그 다음은 보다 굵은 사슬이다. 거기에는 수없이 많은 섬세한 비늘과 툭 튀어나와 사방을 두리번거리는 듯한 오팔로 눈을 박아 넣은 황금빛 물고기가 기괴한 모습으로 꼬리를 쳐든 채 매달려 있다. 금팔찌나 또는 우윳빛이 감도는 맑은 녹옥綠玉 팔찌, 이들은 모두 한 개의 덩어리에서 도려낸 것들이다. 옛날 중국 금화로 만든 브로치는 모두 얼마간은 퇴색하여 고색창연하였으나 모두가 한결같이 아름답고 정교하다. 뿐만 아니라 기발한 착상으로 세공을 한 것이다. 모든 소박한 민족의 경우와 마찬가지로 여기에서도 화폐는 무조건 귀중한 장식품으로 쓰이고 있다. 시바로쯔발트(역주=독일의 서남지방의 한 지방 이름)의 농부는 옛날 독일 은화를 재킷의 단추로 사용하였으며, 지금도 곳에 따라서는 사용하고 있다. 샴(역주=태국을 가리킴)의 옛 티카알 은화도 역시 그와 비슷한 용도로 쓰여지고 있으며, 현재 나만 하더라도 흰 조끼에 그 티카알 단추를 달고 있다. 아름다운 장식적인 문자가 씌어져 있는 중국과 샴의 금화는 도처에서 브로치와 커프스 단추로 쓰이고 있다. 나는 여기 어떤 상점에서 어마어마한 근대의 값싼 브로치 콜렉션을 구경한 적이 있는데, 그것들은 모두가 여러 나라의 화폐로 만든 것들이었다. 그 가운데는 옛날 독일의 20페니히 짜리 은화도 끼여 있었다. 벌써 옛날에 폐지되어 자취를 감춘 극히 보기 힘든 얄따랗고 조그마한 화폐였다.

이렇게 쇼핑을 끝내고 나면 나는 녹초가 될 것이고, 연인도 내 곁을 떠날 것이며, 그런 뒤에도 나는 이따금 이 상점거리를 누비고 다닐 것이다. 진열된 상품들 앞에 서서는 쇼윈도우 안을 기웃거리며 훌륭한 목공예품의 냄새를 맡을 것이며, 부드러운 직물을 만져보곤 할 것이다. 그리고 여러 생각에 잠기며 하잘것 없는 놀이에 몸을 맡길 것이다. 동양이 주는 그리고 동양에만 있는 눈요기를 즐길 것이다. 돈을 주고 살 수 있는 것은 아시아에서는 일체 신용할 수 없다. 잠자리에서부터 음식에 이르기까지, 하인에서부터 환전換錢에 이르기까지 물론 믿을 수 없다. 그러나 아시아의 부富와 예술은 도처에서 무진장으로 빛을 발하고 있다. 사방팔방으로부터 압박받고 탈취당하고 후벼패이고 유린되어 몹시 무력해져 있으며, 이미 괴로운 숨을 내쉬면서 허덕이고 있지만, 그래도 우리 서구인들로서는 꿈에도 볼 수 없는 풍부함이 널려 있으며 또한 다양성을 지니고 있다. 도처에 볼 만한 보물이 산재해 있으며, 그러한 것들은 모두 보는 사람의 눈요깃감으로는 훌륭한 것들이다. 그 까닭은 비록 내가 백만 달러의 쇼핑을 하든 1만 달러의 쇼핑을 하든 결국 돈으로 살 수 있는 것은 오직 전체에 대해서 생각한다면 단지 하나의 아름다운 편린片鱗에 지나지 않으며, 그것에 대해서는 또한 얼마간의 시간이 경과하면 환멸을 느끼게 될 것이다. 저 높이 쌓인 보화, 저 대규모의 찬란한 아시아의 빛나는 시장의 물건더미에서 내가 서구로 가져갈 수 있는 것이란 추억 속의 빛나는 명상을 제외하고는 아무것도 없다. 후일 내가 고향으로 돌아가, 중국이나 인도의 토산품을 가득히 채운 한 개의 상자나 아니면 열 개의 상자를 열어보게 된다 할지라도, 그것은 단지 바다에서 한 병이나 혹은 열 병의 바닷물을 가져온 것과 다를 바 없을 것이다. 설령 백 톤의 물을 가져왔다 하더라도 그것이 바다를 이룰 수는 없을 것이리라.

어릿광대

싱가포르에서 나는 다시 한 번 말레이의 무대를 구경하러 갔다. 그렇다고 해서 그 곳에서 말레이 인의 예술이나 민족성을 밝혀 본다거나 혹은 그 밖의 어떤 가치 있는 연구를 하기 위해서는 아니었다. 나는 이미 그러한 희망을 포기한 지 오래였다. 나는 다만 낯선 이국의 해안 도시에서 호젓하게 저녁식사를 하고 커피를 마신 후였기에 연극 구경이나 할까 하는 느긋한 기분에서였던 것이다.

매우 익숙한 연기자들이 바타비아의 근대적인 부부생활에 대한 것을 공연하고 있었는데, 그 가운데 한 사람은 서양인 배역을 맡고 있었다. 이 연극의 대본은 신문에 보도된 어떤 재판 기사를 기초로 하여 어떤 제품 공장의 기업주가 각색했다고 한다. 낡은 피아노 한 대, 바이올린 세 개, 콘트라베이스가 하나, 그리고 클라리넷과 호른이 각각 하나씩 있었다. 이 악기들의 반주에 맞추어 부르는 노래는 매우 우스꽝스러운 것이었다. 여배우 중에서 매우 아름다운 젊은 말레이 여자(아마 자바 출신일지도 모른다)가 매혹적인 걸음걸이로 무대 위에 나타났다.

그러나 매우 신기한 점은, 어릿광대 역을 맡아 기발한 연기를 보여준 것은 몸이 깡마른 다른 어떤 젊은 여배우였다. 몹시 민감한 감각을 지녔으며 지나치게 지성미를 풍기던 그녀는 다른 배우들보다는 단연코 두드러지게 나타났으며, 그녀는 검은 천으로 몸을 감싸고서 그 검은 머리칼 위에 잿빛이 감도는 블론드의 추한 삼(麻)부스러기로 만든 가발을 쓰고 있었고, 얼굴에는 석회 칠을 하고서 오른편 뺨에는 커다란 까만 점을 붙이고 있었다. 이렇게 터무니없이 추하고 바보스런 가장을 한 이 신경질적으로 생긴 여배우는 그저 단역을 맡고 있을 뿐이었다. 그녀의 역할은 줄거리와는 표면적으로는 거의 관련이 없었지만 계속 무대에 있어야 하는 그러한 역할이었다. 다시 말하면, 그녀는 비천한 어릿광대의 배역을 맡고 있었던 것이다. 잇몸을 드러내고 웃기도 하고, 바나나를 원숭이처럼 핥아먹기도 하면서 동료들이 연기하는 것과 오케스트라의 연주를 방해하였고, 기묘한 소리를 내서 연극의 진행을 방해하였으며, 때로는 말없이 어릿광대짓을 하여 연극과 호흡을 맞추기도 하였다. 그런 다음 10분 정도 냉정하게 무대 한가운데 정좌하여 팔짱을 끼고는 무관심하고 병적으로 예민해 보이는 차갑게 내리깐 눈으로 때로는 하늘을, 때로는 우리들 맨 앞줄의 관객을 향하여 차가운 비평의 눈길을 주곤 하였다. 그녀를 이처럼 따로 분리시켜 바라보고 있으면 그녀는 조금도 그로테스크하지 않았으며, 오히려 비극적으로 보였다. 억지웃음에 지쳐 더 이상 움직이지 않는 무관심하고 엷은 새빨간 입술과 차가운 눈동자는 그녀의 이지러진 얼굴 속에서 슬프고도 외롭게 그리고 절망적으로 빛나고 있었다. 우리는 그녀를 셰익스피어의 어릿광대나 혹은 햄릿과 비견해서 이야기하고 싶을 정도였다. 그러나 일단 상대역의 몸짓이 그녀를 자극하게 되면 그녀는 다시 살아난 듯 즉시 앉은자리에서 일어서서는 그 어릿광대짓을 아무런 어려움 없이 상대방이 어리둥절할 만큼 몹시 과장된 태도로 해치우는 것이었다.

그러나 이 천재적인 여인은 단지 어릿광대에 지나지 않았다. 그녀의 동료 여배우들처럼 이탈리아 풍의 아리아를 열창하는 역할이 주어지지는 않았다. 그녀는 검고 굴욕적인 의상으로 몸을 가리고 있었으며, 그녀의 이름은 영문판 팸플릿이나 말레이어판 팸플릿에도 올라 있지 않았다.

싱가포르의 꿈

오전 중에는 유럽인 전용 주거지의 정원 사이에 있는 푸른 수목으로 둘러싸인 풀밭길에서 나비를 잡았으며, 그러고는 사정없이 내리쬐는 한낮의 햇볕 속을 걸어 시내로 돌아왔다. 오후에는 왕래가 빈번한 활기차고 아름다운 싱가포르 거리를 산책하며 상점에 들러 쇼핑을 했다. 그 후에는 호텔 안의 천정이 높은 원주圓柱로 된 홀에서 동료 여행자들과 함께 저녁식사를 하였다. 커다란 선풍기의 날개가 머리 위에서 끊임없이 돌아가고 있었으며, 흰 아마亞麻 유니폼을 입은 중국인 웨이터가 조용히 침착한 발걸음으로 소리 없이 다가와 맛없는 영국식·인도풍의 음식을 날라왔다. 위스키 글라스 속에 든 얼음 조각에 전등불 빛이 반사되고 있었다. 벗들과 마주 앉아 있긴 하였으나 피로하여 식욕이 없었다. 단지 찬 것만을 약간 홀짝이고는 자그마한 황금색 바나나 껍질을 벗기며 일찌감치 커피와 시가를 주문하였다.

  다른 사람들은 식후에 영화관에 가기로 합의하였지만 나는 뙤약볕에서 일을 하느라 눈이 피로해 있었기 때문에 영화관에 갈 생각은 전혀 나지 않았다. 그럼에도 불구하고 나는 결국 그들과 동행하지 않을 수 없었다. 이유는 단지 이 저녁을 무료하게 보내고 싶지 않았기 때문이었다. 그래서 우리는 모자도 쓰지 않고 가벼운 차림으로 신발만 신고 호텔 밖으로 걸어나와 사람들이 붐비고 있는 거리를 지나 서늘해진 푸른 밤공기를 마시며 천천히 걸어갔다. 생각보다는 조용한 뒷골목에서 긴 널빤지로 된 식탁에 수백 명의 중국인 노동자들이 갓을 씌운 촛불 아래 모여 앉아 즐겁게 담소하며 예의 바르게 여러 가지 복잡하고 신비스런 음식을 먹고 있었다. 그 음식물은 거의 같은 종류들이었으며, 정체불명의 양념 냄새가 코를 찔렀다. 건어乾魚와 훈훈한 야자기름 냄새가 수많은 촛불이 타고 있는 어둠을 뚫고서 독하게 풍겨 왔다. 어두운 동양말로 부르는 소리와 외치는 소리가 청색의 보도에 울려 퍼졌으며, 짙은 화장을 한 아름다운 여인들이 가느다란 격자 문 앞에 앉아 있었다. 그녀들의 등 뒤에는 호사스러운 황금빛 제단이 어슴푸레 번쩍이고 있었다.

영화관 안의 널빤지로 된 어두운 관람석에서 우리는 길게 땋아 늘어뜨린 수많은 중국인의 머리 너머로 환히 비치는 네모난 스크린에 시선을 집중시켰다. 스크린은《파리의 도박사 이야기》,《모나리자의 실종》, 실러의《간계와 사랑》(역주=독일의 희곡작가인 실러의 희곡)의 한 장면이 지나치게 강조되어 비치고 있었다. 이러한 서구의 사건들이 이곳의 중국인이나 말레이 인들에게 주는 인상은 가공적이거나 조금도 수긍할 수 없는 분위기로 인하여 한층 더 기괴한 인상을 자아내게 했다.

나의 주의력은 곧 마비되어 눈은 높다랗고 어두운 천정을 멍청하게 바라볼 따름이고, 내 생각은 산산조각이 나서 지금 당장에는 필요치 않은 물건처럼 혹은 한 쪽으로 치워진 꼭두각시의 팔다리처럼 아무렇게나 흩어져 죽은 듯이 뻗어 있었다. 나는 양손으로 이마를 받쳤다. 영상에는 싫증이 난 지 이미 오래였다. 사물을 관찰하며 생각할 수 있는 능력을 잃은 나의 두뇌가 자아내는 모든 망상이 나를 사로잡아 버렸다.

처음에는 나직이 속삭이는 어슴프레한 어둠이 나를 에워싸고 있었다. 그 쾌적함에 혹하여 나는 별로 그것에 신경을 쓰지 않았다. 그러는 사이에 나는 배의 갑판에 누워 있었고 이미 밤이 날개를 펴고 있었다. 단지 램프가 어슴푸레 타고 있는 것을 나는 알게 되었다. 내 곁에는 많은 남자들이 한데 어울려 자고 있었으며, 모두들 갑판 위의 여행용 모포 혹은 인피靭皮로 만든 자리를 깔고 누워 있었다.

내 곁에 누워 있는 남자는 잠이 든 것 같지 않았다. 그의 이름은 알 수 없었지만 얼굴만은 아는 사람인 것 같았다. 이윽고 그는 몸을 움직여 팔꿈치를 세웠다. 그러고는 금테 안경을 벗어들고서 부드러운 플란넬 헝겊 조각으로 정성껏 안경알을 닦기 시작했다. 그제야 나는 그가 내 아버지라는 것을 알게 되었다.

"어디 가시는 길입니까, 아버지?" 나는 졸린 듯한 목소리로 물었다.

그는 고개도 들지 않고 계속 안경알을 닦으면서 태평스런 목소리로 말했다.

"아시아에 가는 중이다"

우리는 영어를 섞어가며 말레이어로 말을 주고받았다. 우리가 영어로 대화를 나누자, 나는 내 어린시절의 까마득한 저 옛날로 돌아간 것 같은 느낌이 들었다. 왜냐하면 내가 아직 어린아이일 때에 아버지와 어머니는 무슨 은밀한 이야기를 할 때면 으레 영어로 하였고, 따라서 나는 그 말을 전혀 알아들을 수 없었기 때문이다.

"아시아에 가는 중이다" 하고 아버지가 재차 말했을 때에 나는 갑자기 모든 것을 깨닫게 되었다. 그렇다, 아시아에 가는 길이었다. 아시아라고 해서 꼭 대륙을 뜻하는 것은 아니었다. 그것은 일정한 어떤 신비로운 장소를 뜻했으며, 인도나 중국의 중간 정도를 말하는 것이었다. 그곳으로부터 모든 민족과 또 그 민족의 가르침과 종교가 유래했으며, 그곳에는 일체의 인간적인 존재의 근원과 일체의 생명의 어두운 원천이 도사리고 있었다. 그곳에는 신의 모습과 신의 율법의 목록이 있었다. 비록 한 순간일지라도 나는 어찌하여 그것을 잊어버릴 수 있었겠는가? 나는 이미 오래 전부터 그 아시아로 가는 여행의 도상에 있었던 것이다. 많은 남자와 여자, 그리고 벗들과 또 알지 못하는 사람들과 더불어.

나는 나직한 목소리로 〈우리는 아시아로 길을 떠난다〉라는 노래를 부르며 황금 용龍과 신성한 보리수, 그리고 거룩한 뱀을 생각했다.

아버지는 인자한 눈길로 나를 바라보며 이렇게 말했다. "나는 네게 무엇을 가르치려는 것이 아니라, 단지 주의를 주고자 할 따름이다." 그러나 그렇게 말하는 사람은 이미 내 아버지가 아니었다. 그의 얼굴에는 일순간 잔잔한 미소가 떠올랐는데, 그것은 꿈속에서 우리의 지도자 구루가 언제나 보여주는 그러한 미소였다. 그러나 그 순간 그 미소는 사라지고, 그 얼굴은 연꽃처럼 둥글고 조용해졌으며, 원숙하고 완전한 인간, 부처의 황금상을 방불케 하였다. 또다시 그가 미소를 지었다. 그러자 이번에는 구세주의 고통스러운 원숙한 미소로 변하였다.

내 곁에 누워서 미소짓던 남자는 이제 사라지고 없다. 때는 한낮이었고 잠자던 사람들은 모두 일어나 있었다. 나는 깜짝 놀라 후다닥 몸을 일으켜 세우고 거대한 배 위에서 낯선 사람들 사이를 이리저리 돌아다니며 검푸른 바다 위에 떠 있는 거칠고 번쩍번쩍 빛나는 석회암 섬들과 바람에 흔들리는 커다란 종려나무와 화산이 있는 새파란 섬들을 바라보았다. 총명한 눈과 구릿빛 피부를 가진 아라비아 인과 말레이 인이 앙상한 두 손을 가슴에 대고 땅바닥에 닿도록 몸을 굽히고 기도를 드리고 있었다.

나는 "나는 아버지를 만났습니다" 하고 큰소리로 외쳤다. "내 아버지가 이 배에 타고 있습니다."

꽃무늬가 있는 일본식 실내복을 입은 늙은 영국인 장교가 맑은 푸른 눈동자를 반짝이며 나에게 말했다. "당신의 아버지는 여기에도 있고 저기에도 있습니다. 당신의 마음속에도 당신의 마음 바깥에도 말입니다."

나는 그에게 손을 내밀며, 내가 아시아로 건너가는 것은 신성한 나무와 신성한 뱀을 보기 위해서이고, 모든 것의 시작이고 일체의 현상의 통일을 뜻하는 생명의 원천으로 거슬러 올라가기 위함이라고 말했다.

그러자 한 상인이 나타나 열심히 나에게 말을 걸어왔다. 그는 영어를 아는 실론 상인이었다. 그는 작은 광주리 속에서 보자기에 싼 조그마한 꾸러미를 끄집어내어 그것을 풀었다. 그 속에는 크고 작은 월장석月長石이 가득 들어 있었다.

"손님, 정말 멋있는 월장석입니다!" 하고 그는 간절히 애원하는 목소리로 속삭였다. 내가 뿌리치듯 몸을 돌리려 할 때 누군가의 손이 부드럽게 내 팔을 잡았다. 그리고 그 사람은 말했다. "이 월장석 몇 개만 나에게 선사하지 않겠습니까? 정말 예쁘군요."

그 목소리는 어머니가 길 잃은 아이를 사로잡듯 당장 내 마음을 사로잡았다. 마음이 뭉클하여 나는 뒤로 몸을 돌렸다. 그녀는 미국 출신의 웰스 양이었다. 나는 그녀에게 인사를 했다. 내가 그녀를 이토록 까마득히 잊은 것을 나는 이해할 수가 없었다.

"오, 미스 웰스!" 나는 들뜬 목소리로 소리쳤다. "미스 앤니이 웰스, 당신도 이곳에 계셨습니까?"

"저에게 그 월장석을 하나 선물해 주시지 않겠어요, 네? 독일 분?"

나는 급히 호주머니에 손을 넣어 실로 짠 기다란 지갑을 끄집어냈다. 이 지갑은 어릴 때 할아버지로부터 선물받은 것이었는데, 청년 시절에 처음으로 이탈리아 여행을 가서 잃어버렸던 것이었다. 그것이 내 손에 다시 돌아오다니 정말 반가웠다. 내가 그 속에서 실론의 루피 은화銀貨를 한 움큼 꺼내자 길동무인 화가가 — 그가 아직도 살아서 내곁에 있는 줄

나는 몰랐다 — 싱글벙글 웃으면서 말했다.

"그것은 바지 단추로 사용하면 좋겠습니다. 그 은화는 여기서는 통용되지 않으니까요."

나는 이상한 느낌이 들어 그가 어디에서 왔으며, 그리고 말라리아는 정말 다 나았는지 어떤지 물어 보았다. 그러자 그는 어깨를 움찔해 보이면서 말했다.

"유럽의 근대 화가들을 모두 한 번쯤 열대지방에 보내는 것이 좋겠습니다. 그렇게 되면 오렌지색 팔레트를 쓰는 버릇을 고칠 수 있을 것입니다. 여기서는 훨씬 어두운 색 팔레트를 사용하는 것이 자연에 보다 가까워질 수 있으니까요."

정말이지 그것은 명백한 사실이었다. 그래서 나는 열심히 그의 말에 찬동했다. 그러나 그 사이에 아름다운 미스 앤니이가 사람들의 무리 속으로 사라져버렸다. 무거운 기분으로 나는 이 큰 배의 갑판 위를 다시 서성거렸지만, 선교사들의 옆으로 다가갈 엄두는 내지 못했다. 그들은 둥그렇게 모여 앉아 갑판 위의 통로를 거의 가로막고 있었기 때문이었다. 그들은 찬송가를 부르고 있었다. 나도 옛날부터 그 노래를 알고 있었기 때문에 곧 그들의 노래에 끼어들었다.

마음은 괴롭고 번거로운데
참다운 즐거움은 어디 있느뇨……

노래 가사에는 수긍이 가지만 그 우울한 그리고 마음을 뒤흔들어 놓는 멜로디가 나를 슬프게 하였다. 나는 그 아름다운 미국 여인이며 우리들의 여행 목표인 아시아를 머릿속에 그리고 있었지만, 여러 가지 불안과 고뇌 때문에 결국 선교사 중의 한 사람에게 다가가서 당신의 믿음이 과연 옳은 것이며, 그 믿음이 나와 같은 사람에게도 도움이 될 수 있는지 물어 보았다.

"자, 들어보세요." 나는 위안에 굶주린 사람처럼 말했다. "저는 작가이며 나비 수집가입니다……."

"당신은 잘못 생각하고 계십니다." 그 선교사가 말했다.

나는 나의 설명을 되풀이하였다. 그러나 그는 무슨 말을 하든 언제나 명랑하고 천진한, 그리고 은근한 승리감에 도취한 듯한 미소를 짓고는 똑같은 대답만을 반복하였다.

"당신은 잘못 생각하고 계십니다."

나는 어리둥절하여 황급히 그 자리를 떴다. 거기는 내가 설 곳이 아님을 깨닫고서 나는 모든 것을 단념하였다. 그러고는 다시 아버지를 찾기로 작정하였다. 아버지라면 틀림없이 나를 도와줄 것이다. 또다시 점잖은 영국 장교의 얼굴이 내 앞에 나타났다.

"당신 아버지는 여기에도 있으며 저기에도 있습니다. 당신 마음속에도 당신의 마음 밖에도 있습니다" 하고 말하는 것 같았다. 나는 그것을 하나의 경고로 판단했다. 나는 무릎을 꿇고 앉았다. 나는 내 자신 속으로 깊이 파고들어 그곳에서 아버지를 찾으려고 했다.

  나는 이처럼 조용히 앉아서 명상의 세계에 잠기려 했다. 그러나 그것은 쉬운 일이 아니었다. 온 세계가 배 위로 모여들어 내가 하고자 하는 일을 훼방하려는 것 같았다. 거기에다 어찌나 무더운지 시원한 한 잔의 위스키소다를 얻기 위해서는 조상 대대로 물려받은 실로 짠 지갑을 서슴없이 내던져도 아깝지 않을 것 같았다.

  이 악마 같은 무더위는 내가 의식한 그 순간부터 더욱 무섭게, 더욱 견디기 어렵게, 마치 앙칼진 음향처럼 더욱더 심해져 가는 것 같았다. 사람들은 자제력을 모두 상실하고서 마치 이리떼처럼 초롱에 담긴 물을 꿀꺽꿀꺽 마시고 있었으며, 각양각색 천태만상으로 제각기 편안한 자세를 취하고 있었다. 내 주위에는 제멋대로의 해괴망측한 행동들이 여지없이 나타나고 있었기 때문에 배 전체가 마치 발광직전의 상태에 있었다.

  결국 서로를 이해하지 못한 채 서로 갈라섰던 그 친절한 선교사는 지금 몸집이 큰 두 사람의 중국인 노동자로부터 보기 민망할 정도로 조롱을 당하고 있었다. 그들은 순수한 중국식 역학力學을 응용한 매우 교묘한 요술을 걸어 한번 눌러서는 선교사의 신발 신은 다리가 직접 선교사 자신의 입에서 빠져나오게 하였다. 그리고 다른 어떤 곳을 누르면 그의 두 눈알이 마치 소시지처럼 그의 눈구멍에서 빠져 나와 대롱거리는 것이었다. 선교사가 자기 눈알을 다시 눈구멍 속에 밀어 넣으려 하자, 그 노동자들은 거기에 매듭을 지어 방해하는 것이었다.

이것은 몹시 그로테스크한 장면임에 틀림없었지만, 생각한 것처럼 처참한 광경은 아니었다. 적어도 미스 웰스의 모습보다는 나았다. 그녀는 입었던 옷을 모두 벗어 던지고는 놀랍도록 팽팽한 나체에 한 마리의 기이한 다갈색 뱀을 갖고 있었다. 그 뱀은 그녀의 목을 칭칭 감고 있었다.

나는 절망한 나머지 눈을 감았다. 우리들이 탄 배가 마치 작열하는 지옥 속으로 빠져드는 것 같았다.

바로 그 때, 안개 속을 헤매는 나그네의 귓가에 들려오는 종소리와 같은 장엄한 합창 소리가 들려왔다. 나도 곧 그 노래를 함께 불렀다. 그것은 거룩한 여행의 노래인 "우리는 아시아로 길을 떠난다"였다. 그 노래 속에는 모든 인간의 목소리가 담겨 있었으며, 일체의 경건한 것, 지체 있는 인간의 모든 동경, 모든 피조물의 고뇌와 미칠 것 같은 갈망이 살랑거리고 있었다. 나는 마치 부모의 사랑을 받고 있는 듯하였으며, 구루(Guru : 인도에서의 종교지도자)에 의해서 인도되고, 부처에 의해서 청결해지며, 구세주의 구원을 받고 있는 듯하였다. 그리하여 이제 무엇이 올지라도, 그것이 죽음이든 구원이든 나에게는 아무런 상관이 없었다.

나는 몸을 일으켜 세우고서 눈을 떴다. 내 둘레에는 아버지와 친구, 영국인과 구루, 그리고 내가 일찍이 내 눈으로 보았던 모든 사람들의 얼굴이 있었다. 그들은 모두 감격적이고 아름다운 눈으로 똑바로 앞을 응시하고 있었다. 나도 그들의 시선을 따라 앞쪽을 바라보았다. 그곳에는 성전을 에워싸고 있는 수천 년 묵은 숲이 펼쳐져 있었으며, 하늘을 찌르는 수목들 사이에는 영원의 숨결이 감돌고 있었다. 그 성스러운 그림자의 어둠 속 깊숙이에는 고색창연한 성전의 대문이 황금빛으로 찬란하게 빛나고 있었다.

우리들은 모두 무릎을 꿇었다. 우리들이 동경하던 것이 이루어졌다. 그리고 우리들의 여정도 이로써 끝이 났다. 우리들은 눈을 감고 깊숙이 고개를 숙였다. 우리들의 머리는 땅에 닿았다. 한 번, 두 번, 그리고 다시 한 번, 숨 돌릴 겨를도 없이 일제히 호흡을 맞추어 예배를 되풀이하였다. 내 이마가 땅에 부딪혀 몹시 아팠다. 눈에서 불똥이 튀었다. 나는 끙끙거리며 몸을 가누지 못했다. 이윽고 나는 뻑뻑하게 굳었던 상태에서 해방되었다. 나의 이마는 영화관의 나무 난간 모서리에 놓여 있었으며, 내 눈앞에는 중국인 관객들의 빡빡 민 중대가리가 어렴풋이 보였다. 스크린은 이미 꺼져 있었고, 관객들의 탄식과 갈채가 아직 널따란 영화관 속을 맴돌고 있었다.

우리들은 일어서서 밖으로 나왔다. 숨이 막힐 것 같은 무더위는 여전했고, 야자기름 냄새가 사방에서 풍겨왔다. 그러나 밖에는 밤의 바닷바람과 명멸하는 항구의 불빛, 그리고 희미한 별빛이 우리를 반기고 있었다.

수마트라로 가는 뱃길

네덜란드 선적의 작은 연안 기선은 싱가포르에서 적도를 넘어 남수마트라로 건너갔다. 부두에서 수화물 때문에 한 바탕 시비가 있었던 것을 필두로 하여 처음부터 일이 제대로 들어맞지 않았다. 우리와 우리들의 많은 짐꾸러미를 부르바 호號로 옮겨 싣기 위하여 작은 모터보트가 부두를 떠나자마자 우리의 배보다는 약간 큰 다른 보트가 속력을 과시하듯 우리 배 쪽으로 달려와서는 우리 배의 한복판을 들이받았다. 우리들은 서로 뒤엉켜서 마구 나뒹굴었고, 이미 헤엄칠 준비를 하고 있었다. 그러나 뜻밖에도 하늘은 공정하여 손해를 입은 쪽은 들이받은 배였다. 그 배는 뱃머리에 큰 구멍이 뚫려서 물러서지 않을 수 없었다.

부르바 호의 1등 선객은 우리 세 사람뿐이었다. 우리는 마치 자가용 요트처럼 그 배를 점령하였던 것이다. 작은 후갑판後甲板에서는 네덜란드 풍의 작은 선적이 우리를 반겨 주었고, 새하얀 시트를 씌운 테이블에는 고풍스런 의자들이 각각

짝을 이루고 있었으며, 그 곁에는 다리를 폈다 접었다 할 수 있는 훌륭한 중국식 침대 네 개가 놓여있었다. 그 밖에도 희고 붉은 얼룩무늬가 있는 덮개를 씌운, 소박하지만 튼튼한 긴 의자 두 개가 놓여 있었다.

서비스는 모두 말레이 식이었다. 곧 자상하고 친절한 세 명의 자바인이 첫번째 식사를 운반해 왔다. 그것은 매우 양이 많은 착실한 쌀밥 요리였다. 인도의 호텔에서 엉터리 빵을 대접받은 직후였기 때문에 나는 매우 달게 먹었다. 인도 지나해협이나 말라이 주州에 있는 호텔에서는 어디서나 중국인 보이가 시중을 들었는데, 그들은 유럽의 중류 호텔 급사들과 거의 다름이 없이 무표정하게 접대를 하고 있었다. 그러나 그들과는 달리 자바의 급사들은 친절한 간호원처럼 붙임성 있게 성의를 다했다. 시종 우리들의 기분을 맞추려고 애썼으며, 식사 중 내내 우리 곁을 떠나지 않고 아무리 작은 일이라도 기다렸다는 듯이 미소를 지으며 서두르지 않고서 해치웠다. 음식을 날라와서는 공손한 태도로 제일 맛있는 음식을 우리에게 권하였고, 잔이 빌 때마다 조심스럽게 다시 잔을 채워 주었으며, 세 사람 몫으로 배당된 병에 남은 술은 우리 세 사람의 잔에 똑같이 공평하게 나눠 따라 주었다. 또한 그들은 햇볕과 바람을 막아주었으며, 시가의 불이 꺼지면 즉시 성냥을 그어대고서 대기했다. 그뿐인가! 그들의 표정과 동작 모두는 의무감에서 하는 서비스이거나 비굴한 노예근성에서가 아니라 오직 서비스하는 일이 즐거워서 마음으로부터 호의를 나타내고 있는 것이었다.

배 중앙에는 세 사람의 중국인이 비스듬하게 누워서 말없이 트럼프 놀이에 열중하고 있었다. 좋은 패를 잡은 자가 기대에 찬 표정으로 카드를 내미는 모습과 나쁜 패를 잡은 자가 울화통이 터지지만 어쩔 수 없다는 표정으로 카드를 내던지는 모습은 마치 슈봐벤의 병사나 바이에른의 포수, 그리고 프로이센의 수병들의 경우와 똑같았다. 톤카알에서 온 말레이인 일가—家는 가죽으로 만든 여행용 자리 위에 누워 있었다. 할아버지와 양친, 그리고 네 자녀로 이루어진 가족이었다. 아이들은 즐거운 표정들이었고, 또한 몹시 귀염을 받고 있는 것 같았다. 아이들은 목걸이를 하고 있었으며, 발에는 은으로 만든 장신구를 말고 있었다. 해질 무렵, 할아버지는 넓은 장소를 물색하여 고개를 숙이고 앉았다가 다시 일어서며, 유연하고 의젓한 몸짓으로 저녁기도의 연습을 했다. 늙어빠진 그의 등은 일정하게 굽혀졌다 펴졌다 했으며 머리에 쓴 붉은색 터번과 뾰족한 턱수염이 다가오는 저녁놀 속에 뚜렷하게 드러났다.

우리들은 장교 두 사람과 함께 순 네덜란드식 만찬에 참석하였다. 별이 반짝이기 시작하였다. 바다는 짙은 어둠속으로 잦아들었다. 섬들이나 톱날 같은 산봉우리의 실루엣도 이제는 거의 분간할 수 없게 되었다. 우리들은 모두 입을 꼭 다물고 있었으며, 할 수만 있다면 잠자리에 들고 싶었으나 너무나도 심한 무더위 때문에 꼼짝도 하기 싫었으므로 그냥 앉은 채 쉴새없이 흘러내리는 땀에 젖어 있었다.

우리들은 위스키를 주문하려고 보이를 불렀는데, 갑판 위에서 벌써 오래 전에 잠들어 있던 보이가 벌떡 일어나서 달려왔다. 그러고는 브랜디와 소다수를 가지러 달려갔다.

우리들의 배는 무더운 밤을 뚫고서 수없이 많은 섬들을 누비며 지나가고 있었다. 때때로 등대의 영접을 받았으며, 우리는 미지근한 위스키소다를 조금씩 홀짝거리면서 네덜란드 시가를 피워 물고는 찌는 듯한 무더운 밤하늘을 우러러보며 크게 한숨을 내쉬었다. 이따금 수마트라와 악어, 그리고 말라리아 따위를 화제로 삼았으나 맥빠진 이야기에 누구도 진지하게 귀를 기울이려 하지 않았다. 간간이 누군가가 자리에서 일어나 난간으로 가서는 피우던 시가의 재를 물에 털어버리고는 어둠 속에 보이는 것이 없나, 하고 찾아보곤 하였다. 그리고 나서는 서로 흩어져 어떤 이는 갑판 위에, 또 어떤 이는 선실에 들어가 잠을 청하였지만 땀은 비오듯 온 몸에서 흘러내렸다. 이날 밤은 모두들 지쳐서 흥이 나지 않았다.

그러나 다음날 아침에 배는 이미 적도를 지나 수마트라의 어떤 커다란 커피빛 강 어귀에 들어서 있었다.

펠라이앙

상업 이외의 목적으로 말레이 제도諸島로 건너오는 유럽인들은 비록 실현될 것을 기대하지는 않지만, 그러나 언제나 그들의 공상과 희망의 배후에는 저 유명한 자아킨트스 섬(역주=그리스의 대사제가 살았던 섬으로, 디오니소스를 수호신으로 하였음)에 대한, 특히 그 섬의 풍경과 원시적인 순결함에 동경을 품기 마련이다. 그리고 진정한 낭만주의자는 때때로 그와 같은 낙원을 발견하게 되며, 또한 대개의 말레이 인이 지니고 있는 착하디 착한 천진성에 끌려서 한동안 그 값진 원상태를 맛본 듯한 기분에 젖을 수도 있다.

그러나 나는 이와 같은 완전한 자기 망각을 결코 맛볼 수는 없었다고 하겠다. 하기야 나 역시 문명세계로부터 멀리 떨어진 이 조그마한 마을을 발견하고는 그 곳에서 얼마 동안 원시촌原始村의 손님이 되어 고향의 품에 안긴 듯한 즐거움을 맛볼 수는 있었다. 나의 추억에 뚜렷하게 남아 있는 이 두메 마을은 수마트라의 모든 숲과 강을 하나로 묶어놓은 듯한 그러한 모습이다. 백 명 정도의 주민이 살고 있는 이 두메 마을은 펠라이앙이라 불렸으며, 쟘비Djambi로부터 강을 거슬러 이틀 동안의 거리에 있었다. 아직 그다지 알려지지 않은 쟘비 영역領域의 오지로서, 근래에 와서 비로소 위험이 없어진 곳이며, 대부분이 태고의 처녀림으로 이룩된 곳이었다.

이곳에서 우리 네 사람은 중국인 요리사 고오모크와 함께 대나무로 엮은 간이주택에서 묵었다. 이 간이주택은 높다란 기둥이 떠받치고 있었으며 지붕과 벽은 종려나무잎으로 엮어져 있었다. 우리들은 땅으로부터 2미터 반 높이에 매달린 섬세하게 엮어 만든 노란 둥우리 속에서 제멋대로의 즐거운 생활을 누렸다. 두 사람의 상인은 숲속 도처에 널려 있는 경목硬木의 자원에 눈독을 들이고 있었으며, 화가는 화구상자를 짊어지고 강기슭을 배회하였으나, 그림에 담고 싶은 아름다운 여인이 아름다울수록 스케치는 고사하고 접근하는 것마저 허락하지 않는 말레이 여인에 대해 분통을 터뜨리고 있었다. 나는 나대로 그날그날의 풍향이나 날씨에 따라 끝없는 숲속 세계를 기막힌 그림책을 대하는 양 돌아다니곤 하였다. 우리는 모두 제 나름대로 제멋대로의 길을 걸었고, 모기에 뜯기고 무서운 뇌우에 무방비상태로 노출되어 있었다. 우리는 원시림을 헤매며 말레이 인과 어울려서 무겁게 내리눌리는 영원한 무더위와 싸우고 있었다. 그러나 해가 지면 — 열대지방에서는 매우 빨리 찾아든다 — 모두 한 자리에 모여서 베란다 위에 등잔불을 켜놓고 식탁가에 앉거나 혹은 비스듬히 눕곤 하였다. 밖에서는 뇌우의 포효하는 소리나 귀가 멍멍해질 정도로 원시림에 사는 벌레떼의 합주하는 소리가 들려왔다. 빤히 뚫린 창구멍을 통하여 원시림이 우리를 기웃거리고 있었다. 그러나 얼마 안 가서 우리는 이 열대 지방의 풍물에 싫증을 느꼈다. 우리는 행복하고 싶었으며, 번거로운 위생문제를 잊고 싶었다. 우리는 세상만사를 잊고 그저 즐기고만 싶었다. 그래서 우리는 눕거나 앉아서 커다란 상자 네 개에 들어 있는 소다수나 위스키, 붉은 포도주, 백 포도주 또는 셰리 주나 브레멘의 병맥주를 죄다 꺼내어 마시곤 하였다. 그러고는 모기장을 치고 편한 이부자리를 깔고는 저마다 털로 된 복대服帶를 정성껏 두르고는 잠을 청하거나 아니면 조용히 누워서 억수같이 쏟아지는 빗소리에, 때로는 자장가처럼 나직이 종려나무 지붕을 두들기는 빗소리에 귀를 기울이곤 했다. 그러는 사이에 먼동이 트고 무소새(역주=열대지방에서 서식하는 새의 일종)와 헤아릴 수 없이 많은 이름 모를 새들이 지저귀며 원숭이 떼가 마친 듯한 소리로 아침을 맞이하는 것이었다.

 그러면 나는 예닐곱 남짓한 움막을 지나 숲 속으로 들어갔다. 그러나 이런 때 나는 겨울철 스위스의 그라우 덴에서 신고 다니는 것 같은 거친 삼베 각반을 감아서 피를 빠는 거머리와 뱀의 공격을 막아야만 했다. 일단 칙칙한 덤불 속에 들어서면, 나와 세계 사이는 어떤 바다보다도 더 격리되고 더 낯설어졌다. 검은 털에 흰 배를 한 조용하고 예쁜 다람쥐는 핑크빛 앞발을 잽싸게 놀리며 내 앞을 지나갔으며, 몸집이 커다란 숲 속의 새들은 불쾌한 표정으로 나를 멍청히 바라보았다. 그러면 곧 수없이 많은 원숭이들이 나타나서 하늘을 겹겹이 뒤덮고 있는 나뭇가지를 잽싸게 미친 듯 소리를 지르며 오르내렸으며, 때로는 높은 가지에 매달려서 길게 메아리치는 슬픈 목소리로 울부짖었다. 가끔 오색영롱한 커다란 나비 한 마리가 하늘거리며 내 곁을 날아가기도 했다. 땅에서는 작은 생물들이 떼를 지어 열심히 일했다. 한 자나 되는 지네가 재빠른 속도로 덤불 속으로 기어 들어가는가 하면, 회색, 갈색 또는 붉거나 검은 큰개미들이 새까맣게 열을 지어 공동의 목표를 향해 기어가곤 했다. 썩은 아름드리나무가 여러 가지 모양의 양치류와 가늘면서도 매우 질긴 가시돋친 덩굴에 칭칭 감긴 채 여기저기 나동그라져 있었다. 이곳의 자연은 무서울 정도로 놀라운 생산력과 광포한 생활력과 소비열에 들끓고 있었다.

나는 눈앞의 이러한 광경에 완전히 압도당했다. 이와 같은 숨막히는 생산력의 와중에서 어떤 특수한 모습이 뚜렷이 나타나면 나는 그것이 무엇이든 북극인의 정열로서 그것을 기쁘게 맞이하곤 하였다. 도처에 상상조차 할 수 없을 정도의 거목이 울창한 덤불에 에워싸인 채 마치 그것을 압도한 승리자처럼 높이 솟아 있었다. 그 거목 가지에는 무수한 짐승들이 집을 지을 수 있었고, 또한 보통 나무굵기만한 기생목이 곧장 기어올라 조용히 매달려 있었다.

이 숲에는 최근에야 사람의 손이 미치기 시작하였다. 쟘비마아트샤피(역주=네덜란드 상사이름)가 전인미답의 이 지역에서 최초의 막대한 산림개간 인가를 얻어서 그곳의 경목硬木을 채취하게 된 것이다. 어느 날, 나는 최근 벌채가 진행되고 있는 곳으로 안내되었다. 나는 잠시 동안 곤란하기 이를 데 없는 숲 속의 작업 광경을 보게 되었다. 20미터가 넘는 무쇠처럼 단단한 무거운 원목이 노동자들에 의해서 운반되고 있었다. 그들은 숨이 찬 목소리로 노래를 부르며 지렛대와 윈치와 밧줄과 쇠사슬을 이용하여 어둑어둑하고 축축한 원시림의 계곡에서 원목을 끌어올리고 있었다. 통나무 위에 올려 굴리거나 아니면 원시적인 썰매에 실어 습지와 가시덤불, 수풀과 습한 잡초 위를 굴리며 한 자 한 자 끌다가는 쉬고 또 밀어 올려서 끌곤 했다. 이렇게 한 시간 걸려 겨우 몇 발자국 전진하는 것이었다. 나는 그 거목의 가느다란 가지 하나를 장난삼아 한 팔로 들어올리려 하였으나 엄청난 무게에 놀랐다. 두 팔로 들어올리려 기를 썼으나 결국 헛일이었다. 이러한 무게 때문에 이 나무의 수송은 더없이 곤란했다. 이 지역에는 아직 철도가 없었고, 유일한 교통수단인 강물에도 이 나무는 뜨지 않았다. 이 광경은 진귀하고도 기막혔으나, 인간의 노동이 번거롭고 또한 저주스럽고 하나의 노예의 표지인 이상 결코 유쾌한 구경거리가 될 수 없었다. 저들 가련한 말레이 인들은 결코 유럽인이나 중국인 또는 일본인처럼 주인으로나 기업가로서 이러한 일에 참여할 수는 없으리라. 그들은 언제까지나 벌채꾼으로서, 운반인으로서, 또 톱질하는 사람으로서 이 일에 참가하리라. 거기서 벌어들이는 돈은 거의 전부 맥주값이나 담배 값으로, 혹은 시계와 나들이 옷값으로 다시 외국인 기업가의 호주머니로 되돌아가리라.

이 무한한 부의 편린을 갉아먹으려는 벌레떼 같은 인간을 본 척도 않고 원시림은 의연한 자세로 서있다. 강기슭에서는 악어가 일광욕을 즐기고 있었으며, 무성한 초목은 찌는 듯한 더위 속에서도 끊임없이 자라고 있었다. 원주민들이 얼마간의 땅을 일구어 벼를 심으면 2년 후에는 벌써 잡초가 덤불을 이루고, 6년 후에는 또다시 원래의 수풀로 되돌아간다고 한다.

출발에 앞서 우리는 빈 술병들을 다갈색 강물에 버렸다. 침구로는 가죽으로 만든 여행용 멍석을 둘둘 말아 보트에 실었다. 우리들이 묵었던 노란 대나무 움막이 검푸르고 영원한 숲 가장자리에 선 채 차츰 멀어져갔으며, 굽이를 돌자 모든 것이 시야에서 사라져버렸다.

갑판 위에서의 밤

중국의 소형 화륜선을 타고 바탕 하리 강을 거슬러 오른 지 이틀째 되는 날 저녁, 나는 갑판에서 깨끗하게 생긴 젊은 자바 인을 사귀게 되었다. 그는 양복점 주인으로, 반나절 동안 한 번도 쉬지 않고 재봉틀의 페달을 밟고 있었다. 그런 후에 그는 재봉틀을 접어놓고는 이부자리를 펴고서 천천히 그리고 정성스럽게 이슬람교식 저녁 기도를 올리고 잠자리에 들었다. 그는 잠들기 전에 아라비아 글자로 인쇄된 조그마한 기도서를 허리춤에서 끄집어내어 낮은 목소리로 몇 구절 낭독하더니 곧 잠이 들었다. 그러나 졸린 중에도 그는 그 기도서를 허리춤에 집어넣는 일을 잊지 않았다. 이 자바인의 등 뒤에서 새까만 그을음이 모락모락 피어오르는 램프 아래 세 사람의 중국인이 카드놀이에 열중해 있었고, 그들 옆에는 한 말레이 여인이 네 아이와 함께 여행용 가죽자리 위에서 자고 있었다. 아이들 중 한 아이는 어슴프레한 불빛을 받으며 자고 있었는데, 아홉 살이나 열 살 가량의 정말 예쁜, 머리칼이 긴 소녀였다. 아직 귀걸이는 하지 않았으나 고운 손목과 발목에는 굵다란 은팔찌를 끼고 있었고, 두 발의 둘째 발가락에도 금가락지를 하나씩 끼고 있었다. 그밖에도 이곳저곳에 잠자는 사람, 반수면 상태에서 멍청히 있는 사람, 원시인으로서는 다부지면서도 유유자적하는 동물적이고도 탄력 있는 동작으로 마루바닥에 엎드려 있는 사람, 또는 앉아 있다기보다는 양 무릎 사이에 고개를 처박고 잠든 사람, 가지각색이었다. 그리고 그들 틈에서 남자들 몇이 낮은 목소리로 이야기를 하고 있었다. 선미船尾에서는 커다란 바퀴가 물레방앗간의 수차처럼 물을 가르고 있었다. 밖에는 짙은 어둠이 깔려 있었다. 어둠은 장작을 지피는 기관에서 튀어나오는 불똥에 비쳐 이따금씩 깜박거렸으나 불똥이 꺼지면 어둠은 더 한층 짙어질 따름이었다.

나는 그 후에도 한 시간 가량 깨어 있었다. 그러고는 어둠 침침한 불빛에 의지하여 나의 수기를 읽으며 주위의 악취를 잊으려 해보았다. 원주민들이 조미료로 쓰거나 또는 몸에 바르는 야자기름과 레몬기름 냄새는 정말이지 구역질이 나도록 지독했다. 그 냄새야말로 내가 동양에 머무는 동안 나의 인간성으로 하여금 원주민들로부터 정말 견디기 어려울 정도로 역겨움을 느끼게 한 유일한 것이었다.

나는 마루바닥에 이부자리를 깔게 하고 소다수로 양치질을 한 후 시계의 태엽을 감아주고 여느 때와 마찬가지로 한 봉의 키니네를 복용하고, 열쇠와 지갑을 베개 밑에다 감추었다. 그러고는 밤중에 혹시 콧등이나 밟히지 않을까 하여 머리맡에 두 개의 의자를 놓고는 천천히 잠옷을 갈아입고 자리 속으로 들어갔다. 중국인도 이제 카드놀이를 중단하고 램프에 삼베 재킷을 덮어 씌웠다. 이리하여 모두들 단조로운 배의 기관 소리를 들으면서 어둠 속에서 잠이 드는 것이었다. 이 짙은 어둠은 마치 지독하고 불쾌한 야자기름만큼이나 지겹고 텁텁하고 숨막혔다. 이따금 배의 밑바닥으로부터 수부들이 떠드는 소리가 들려오곤 하였다. 그들은 가끔 이 깜깜한 암흑의 바다에서 쉰 듯한 기적을 시끄럽게 울리곤 하였다. 두 시간이 지났는데도 나는 잠을 이루지 못했다. 나는 자리에서 일어나 앞쪽에 있는 갑판으로 나갔다. 그곳에는 암흑의 세계만이 웅크리고 있었으며, 조타수 한 사람이 우뚝 서서 어디를 보나 짙은 어둠밖에 없는데도 이상하리만큼 정확하게 배를 조종하고 있었다. 그는 호랑이처럼 어둠을 꿰뚫는 눈을 가졌음에 틀림없었다. 나는 그가 키를 잡고 있는 모습을 지켜보고, 또 한편으로는 강줄기가 들쭉날쭉한 원시림의 좁은 수로를 달리고 있다는 것에 생각이 마치게 되고, 게다가 강기슭에는 불빛 하나보이지 않는 것을 보고는 불안한 상념에 사로잡혔다. 선장은 옆에서 쭈그리고 앉아 자고 있었다.

나는 다시 잠자리에 들었다. 찌는 듯이 더웠다. 내가 누워 있는 뱃전에는 바람 한 점 없었다. 나는 맨발에 감고 있던 여행용 모포를 걷어찼다. 그러다가 모기에 물리면 하는 수 없이 다시 담요 속에 발을 묻곤 하였다. 나는 이와 같은 짓을 몇 번이고 되풀이하였다. 한밤중에는 나도 역시 곯아 떨어지고 말았다. 수없이 계속되는 기적소리에 다시 잠이 깼을 때, 나는 무척 오랫동안 잔 것 같은 기분이었으나 고작 한 시간 반밖에 되지 않았다. 여기저기에서 잠이 깬 사람들이 비틀거리며 일어났으나 대개는 곧 옆으로 몸을 돌리고는 다시 잠에 빠졌다. 개중에는 몸을 일으켜 램프에 씌웠던 재킷을 벗기는 사람도 있었다. 그러자 거기서 흘러나온 불빛이 어지럽게 서로 얽혀 잠든 사람들을 비췄다. 기적소리는 계속되고 기관은 정지하고 배는 방향을 바꾸었다. 난간으로 나가보니 갑자기 육지가 보였다. 뗏목 한 척과 갈대 움막 한 채가 눈앞에 나타났다. 가벼운 충격과 함께 배는 정거하였다. 연료가 바닥이 나서 다시 장작을 실어야만 했던 것이다.

높은 언덕으로부터 흑인 두 사람이 횃불을 들고 계단을 내려오고 있었다. 그 횃불은 마른 나뭇잎에 송진을 묻혀 뭉친 것이었다. 뗏목 위에는 장작이 산더미처럼 쌓여 있었고, 이윽고 장작을 배에 옮겨 싣게 되자 나는 두 시간 동안 구경을 하게 되었다. 아니, 정확하게 말하면 구경한 것이 아니라 귀로 들었던 것이다. 횃불이 환하게 밝혀진 가운데 수부들과 뗏목의 노동자가 두 줄로 늘어서서 모두 천 개비의 장작이 차례차례 이 손 저 손으로 옮겨졌으며, 그 한 개비 한 개비가 공급자에 의해서 소리 높이 그 개수가 세어졌다. 부드럽고 맺힌 데 없는 아름다운 말레이 인의 목소리로 그는 내키는 대로 묘하고도 엄숙한 가락에 한없는 변화를 섞어가며 운반되는 장작의 수를 끊임없이 짙은 어둠과 강의 흐름을 향해 소리쳤다. "암파아트—리마, 리마—아남! 아남—투요오!" 이와 같이 일정하게 같은 가락으로 두 시간 동안이나 노래를 계속하며 일을 하는 것이었다. 그리고 백 개가 될 때마다 그는 노래하는 듯한 환성을 지르곤 하였다. 그러고는 나른하고도 호소하는 듯, 희망에 차서 위로하는 듯한 목소리가 내키는 대로 변화를 섞어가며 단조로운 멜로디를 끊임없이 계속하는 것이었다. 이 지방의 노동자와 농부들은 해질 무렵 조그마한 나룻배를 타고 가다가도 밤이 되면 모두 이와 같은 가락을 노래하는 것이었다. 그들의 노래에는 까닭이 있었다. 그들은 악어나 혹은 밤에 강을 건너간다는 사자死者의 혼령에 겁을 먹고서 매달릴 무엇을 간절히 바라고 있었기 때문이다. 그래서 그들은 희생과 전력, 그리고 고통과 희망을 갖고서 마치 대나무가 밤바람에 스쳐 노래부르듯 무의식적으로 노래를 부르는 것이었다.

기관이 다시 움직이기 시작하자 나는 조용히 자리에 누워 잠을 청했다. 그러는 사이에 비가 오기 시작하였다. 이따금 미지근한 빗방울이 나에게도 튕겨왔다. 나는 담요를 무릎 위로 끌어당기려 했으나 너무나 졸려서 그냥 잠이 들고 말았다.

다시 눈을 떴을 때는 뿌옇게 안개가 낀 서늘한 아침이었다. 잠옷은 흠뻑 젖어 있었으며, 몹시 한기를 느꼈다. 나는 졸리는 중에도 젖은 담요를 끌어올렸다. 그때 머리를 돌리자 누군가가 내 머리맡에 서 있는 것 같았다. 올려다보니 가락지를 낀 조그마한 갈색 발을 가진 그 예쁘고 긴 머리의 말레이 소녀였다. 그 아이는 두 손을 등으로 돌리고는 예쁘고 조용한 눈동자로 호기심에 겨워 나를 내려다보고 있었다. 백인이란 어떠한 동물인가, 잠들어 있는 틈에 그 정체를 규명해 보겠다는 듯이. 그때 나는 산에 여행가서 건초더미 속에서 잠을 자다 깨어났을 때 암산양이 호기심에 겨운 예쁜 눈망울을 나에게 돌리고 있던 때와 같은 기분을 느꼈다. 소녀는 한참 동안 나를 지켜보고 있다가는 내가 몸을 일으키자 제 어머니 곁으로 달아나버렸다. 갑판 위에는 벌써 활기가 넘치고 있었다. 잠들어 있는 사람은 불과 몇 사람 되지 않았다. 그 가운데 한 사람은 추운 밤의 강아지처럼 몸을 동그랗게 움츠리고 있었다. 다른 사람들은 멍석을 말아놓고 복대腹帶를 허리에 감고 있었으며, 두건이나 터번을 머리에 쓰고 있었다. 그러고는 멍청하고 무관심한 표정으로 습기 찬 아침을 바라보고 있었다.

숲 속의 밤

소형 보트를 이리저리 몰고 다닌 후에 귀로에 오른 것은 일몰 직전이었다. 무더위에도 불구하고 영원한 숲 사이로 흐르는 넓은 갈색의 강 위로 여러 시간이나 보트를 몰고 다녔기 때문에 몹시 피곤했다. 보트를 몰고 다니던 중 우리는 중국인의 화물선과 만났다. 그 배는 매주 바탕 하리 강을 오르내렸고, 오늘은 쟘비로 돌아가는 길이었다.
우리들은 비둘기 몇 마리와 무소새 한 마리를 사냥하고는 대나무 움막집 한 채를 배경으로 하여 기념촬영을 하였다. 이 움막집의 것으로 보이는, 벼농사의 잔재가 황야에 덩그러니 남아 있었다. 그 집에 사는 나이 많고 낙천적인 말레이 인 부부는 무성하게 자라는 정글의 덩굴을 자라는 대로 내버려 두고 있었다. 우리는 녹색 나비를 몇 마리 잡은 것을 끝으로 밤이 되기 전에 돌아가기 위해 서두르지 않으면 안 되었다.

보트를 정박시키고 오랫동안 옹색하게 앉아 있었기 때문에 뻣뻣하게 굳은 몸을 우리들의 간이 산장 앞에 있는 작은 도선장 위로 옮겼을 때, 해는 마침 안개에 싸인 채 서산으로 기울고 있었다. 그러자 강의 수면도 어두운 빛을 띠고 마치 양편에 있는 숲이 밀려들어오기라도 하는 듯, 또는 짧은 한 가닥의 햇살마저 눌러 죽이기라도 할 듯이 땅거미가 지기 시작하였다.

밤과 악어가 습격해 오기 전에 강가에서 두세 차례 물통을 머리에서부터 뒤집어썼다. 그러고는 내복을 갈아입었다. 그러고도 넓은 베란다로 나갈 시간은 충분했다. 그곳에는 뚱뚱하고 친절한 중국인 요리사가 만찬 준비를 해놓고 있었다. 사방을 둘러보니 이미 짙은 어둠이 깔려 있었다. 희미한 불빛이 흐르고 있는 베란다를 가진 우리들의 산장은 원시림과 가파른 강기슭 사이에 아름답고 위풍당당하게 자리잡고 있었다. 부드러운 종려나무 잎으로 엮은 지붕은 어두운 밤하늘과 거의 구별할 수 없을 정도로 흡사하였다. 밤이 무엇인가는 열대지방에서만 알 수 있다. 이 깊고 충만한 어둠, 육중한 칠흑의 장막이 얼마나 아름답고 기괴하고 무시무시한가는 열대의 한낮이 북방의 그것보다 한층 더 작열하고 호화로운 만큼 밤 또한 측량할 수 없이 어둡다.

우리들은 움직일 수도 없는 커다란 박달나무 식탁에 둘러앉아서 기름에 튀긴 작은 물고기와 비스켓을 먹었으며, 여러 가지 걸쭉하고 달콤한, 그러나 몸에는 좋지 않은 네덜란드·인도 산 음료수를 마셨다. 화제로 삼을 만한 이야깃거리도 별로 없었다. 우리 셋은 벌써 여러 날 얼굴을 맞대왔으며, 몸은 지칠 대로 지쳐 있었고, 미역을 감은들 온몸은 그 즉시 흥건히 땀에 젖고 만다. 어둠 속 여기저기에서는 커다란 날개를 가진 헤아릴 수 없이 많은 벌레들이 노래를 부른다. 깨지는 듯한 날카로운 소리, 혹은 높고 혹은 현악 오케스트라가 이보다 더 시끄러우랴 싶은 소리! 우리는 중국인 요리사를 도와 식탁을 치웠다. 그러나 술병만은 그대로 두었다. 흐릿한 램프 불빛은 엮어 만든 벽 밖으로 빠져나가 광활한 어둠 속으로 빨려들어 갔다. 총은 출입구 옆에 세워져 있었으며, 그 옆에는 나비 잡는 망이 놓여 있었다. 일행 중의 한 사람은 천정에 매단 램프 아래에서 침상에 누운 채 타우흐니츠 판을 애서 읽고 있었고, 또 한 사람은 엽총을 손질하고 있었다. 나는 신문지로 나비를 간수할 봉투를 접고 있었다.

9시 반이 채 되기도 전에 우리는 취침인사를 주고받고 잠자리에 들었다. 나는 옷을 벗어던지고 어둠 속에서 잽싸게 모기장을 걷고 안으로 들어갔다. 쾌적하고 푹신한 침대에 네

활개를 쭉 펴고 밤마다 그러했듯이 피곤한 잠 속으로 곯아떨어졌다. 눈을 감을 필요가 없었다. 아무리 살펴본들 보이는 것은 열어놓은 사각의 창문이 겨우 보일락 말락 하는 어둠 속이었기 때문이다. 밖의 어둠도 대나무 벽과 가죽 자리 사이에 있는 이 방 못지않았다. 그러나 외계의 자연은 중단 없고 탐욕스러운 활동과 생산으로 들끓고 있음이 역력했다. 온갖 짐승의 포효 소리가 들려왔으며, 무성하게 자라고 있는 초목의 숨결 소리로 가득했다. 이곳에서는 산다는 것이 큰 뜻을 지니고 있지 않았다. 자연은 조금도 가차 없었으며, 이곳에서는 절약을 할 필요도 없었다. 그러나 우리 백인들은 이미 그 배후까지 쳐들어가 있었다. 우리들은 우리들의 대나무 산장을 지어놓고 백 명의 말레이 인을 수용할 수 있는 작은 마을을 이루어 그들을 부려서는 영원한 원시림의 일각을 파먹고 있었던 것이다. 천지 개벽 이래 최근에 와서야 비로소 이 밀림 속에 도끼 소리와 일꾼들의 목소리가 들리기 시작한 것이다. 8년 전까지도 이 일대에는 흉악무도한 소탕전이 한창이었으며, 원주민들이 사정없이 사살되었다. 겁쟁이 흑인종 쿠우부 족族은 북쪽의 간악한 아치 족처럼 오래도록 저항하지 못했다. 학살당한 망령이 밤이면 강물 위를 떠돌아다닌다고 하지만, 사살 그것을 두려워하는 사람은 오직 원주민뿐이었다. 우리네 백인들은 태연히 밀림지대를 활보하고 형편없는 말레이어로 그들에게 쌀쌀맞게 명령하며 우중충한 태고의 경목이 벌채되는 것을 냉정하게 바라보고 있었다. 이 경목들은 부두의 건축자재로 쓰였다.

몽롱한 머리로 끝없는 상념에 사로잡혀 있는 가운데 스르르 눈이 감겼다. 그러고는 꿈과 현실 사이를 더위에 헐떡이며 몇 시간 동안 방황하였다. 나는 어린아이가 되어 울고 있었다. 어머니는 낮은 목소리로 자장가를 부르며 나를 흔들고 있었다. 그러나 어머니의 노래 가사는 말레이어였다. 납처럼 무거운 눈까풀을 뜨고 어머니를 올려다보았더니 내 얼굴을 내려다보며 속삭이고 있는 것은 만고불변의 원시림의 모습이었다. 그렇다! 나는 여기 대자연의 품에 안겨 있는 것이다. 이곳은 10만 년 전과 조금도 바뀐 것이없었다. 우리는 비록 가우리 산 카르(역주=히말라야 연봉 중의 하나)연봉에 케이블카를 설치하고 모터보트로 에스키모의 고기잡이를 방해할 수는 있어도, 적어도 우리들이 이 원시림을 정복하기에는 아직도 여러 해가 걸리리라. 말라리아가 우리 동족의 목숨을 앗아가고 총과 못은 녹이 슬어서 여러 종족이 이곳에서 헛되이 목숨을 잃었다. 그러나 그들의 시체더미에서 급속히 그리고 간단없이 새로운 혼혈족이 파생하여 번식해 나갈 것이며, 이제는 그 줄기가 시들지 않을 것이다.

심한 충격에 나는 갑자기 잠에서 깨었다. 나는 잠결에 급히 몸을 일으켰으나 다시 넘어졌다. 다시 몸을 일으켜 눈을 비비며 가까스로 모기장 밖으로 나왔다. 사납고도 무서운 섬광에 눈이 부셨다. 얼마가 지나서야 나는 그것이 끊임없이 번쩍이는 번갯불이라는 것을 알아차렸다. 번갯불을 뒤쫓는 양 천둥소리가 진동하였고 대기는 이상야릇하게 흔들리고, 손끝이 짜릿하도록 전류가 충만되어 있었다.

나는 비틀거리며 창문 쪽으로 다가갔다. 창문은 번갯불에 환히 비쳐져 내 눈앞에서 마치 달리는 기차의 창틀처럼 요동하였다. 두 발자국 건너에서 숲이 나를 지켜보고 있었다. 서로 뒤엉킨 나뭇가지, 무성한 잎사귀, 그리고 덩굴, 갖가지 모양으로 술렁이는 수목은 대해의 파도처럼 넘실거리며 사력을 다해 저항하고 있었다. 번갯불은 그 위를 달리며 어둠의 심장을 꿰뚫고 노호하고 있었다. 나는 창가에 선 채 아찔해진 눈과 멍먹해진 귀로 이 광란을 응시하며 또렷한 감각으로 대지의 광포한 생명이 가차 없이 범람하며 탕진되고 있음을 느꼈다. 그리고 이러한 광란에 굴복하지 않는 유럽인다운 두뇌와 감정으로 이 한가운데 서서 호기심이 가득 찬 눈망울을 번뜩이며 방관하고, 내 생애의 몇 날 몇 밤, 엄청나게 많은 시간을 이 지상의 어딘가에서 역시 지금처럼 기괴한 관찰력에 사로잡혀 이국의 풍물을 바라보았던 일을 생각했다. 지금 여기 수마트라의 원시림 소택지대의 남쪽에 서서 열대지방의 한밤중에 뇌우를 바라보는 것도 나에게는 결코 무의미하다고는 여겨지지 않았다. 도리어 나는 몇 번이고 이곳으로부터 멀리 떨어진 장소에서 호기심에 가득 차 홀로 서서는, 내 자신의 내부에 들어있는 불가해한 것과 반反 이성적인 것이 해답을 주고 또 서로 친교를 맺게 되는 그 불가해한 사상事象을 경이의 눈으로 바라보는 내 자신의 모습을 미리 예견하고 있었다. 내가 아직 어린 소년 시절에 이와 똑같은 감동과 무책임한 방관자의 감정으로 동물이 죽어가는 모습과 유충이 번데기에서 기어 나오는 모습을 보았고, 임종하는 사람의 눈빛과 꽃이 벌어지는 광경을 바라다본 적이 있었다. 나는 특별히 그러한 사실들을 이해하려는 것이 아니고, 다만 그 자리에 지켜 서 있으면서 커다란 목소리로 나를 부르는 소리에 귀를 기울이며, 나와 나의 생명과 감각이 사라지면서 가치 없는 것이 되는 그 야릇한 순간을 놓치고 싶지 않은 욕구에서였다. 그때에 내 생명과 감각은 불가피한 사실의 낮은 뇌성, 혹은 보다 더 깊은 침묵에 대한 얄따란 조음調音에 지나지 않았기 때문이다.

오랫동안 기다리던 진기한 순간이 다가왔다. 나는 선 채로 수천 가닥의 하얀 번갯불 속에서 원시림이 자신의 신비를 망각하고 깊은 죽음의 공포에 몸부림치고 있는 것을 보았다. 여기서 내게 소리쳐 말을 건넨 것은 내가 태어난 이래로 수십 번, 아니 수백 번, 때로는 알프스의 계곡을 조망할 때에, 때로는 성난 대양을 항해할 때에, 혹은 산허리를 스키로 질주하면서 남쪽에서 불어오는 남풍을 만났을 때에, 또 그 밖에 표현하기는 어려우나 계속해서 체험하고 또 체험하고 싶은 욕망을 버릴 수 없었던 때에 듣던 것과 똑같은 목소리였다.
 갑자기 모든 것이 끝났다. 그리고 그것은 지금까지의 모든 뇌성보다도 더 기이하고 무서웠다. 한줄기의 번갯불도, 한차례의 천둥소리도 이젠 들리지 않았고, 오직 형언키 어려운 짙은 어둠과 미칠 것같이 끝없이 쏟아지는 빗줄기뿐이었다. 주위에는 단지 쏴 하고 스쳐가는 빗소리와 파헤쳐진 원시림의 도발적인 내음으로 가득 차 있었다. 나는 온몸이 나른하며 졸음이 왔다. 나는 잠에 취하여 휘청거리며 잠자리로 돌아갔다. 눈을 떴을 때, 아침 햇살을 받은 숲 속에서는 원숭이들이 갖가지 기성을 지르고 있었다.

수상도시 水上都市 팔렘방

 팔렘방은 수마트라의 동남부에 위치하는 어느 큰 강의 비습卑濕한 기슭에 자리하고 있으며, 인구는 약 7만 5천으로 강물 위에 말뚝을 박아 지은 수상도시다. 수박겉핥기로 지나가는 여행자들은 이 도시를 말레이의 베니스라 부르지만, 그것은 잘못된 견해로서, 이 도시는 단지 물가에 또는 물 위에 위치하고 있고, 운하 혹은 수로를 중요한 교통수단으로 삼고 있다는 것 이외에는 다른 의미를 지니고 있지 않다.
 팔렘방은 정오부터 한밤중에 이르기까지는 물 위에 있고,

한밤중부터 정오까지에는 진창 속에 있게 된다. 질척거리며 지독한 악취를 마구 풍기는 잿빛의 늪 속에. 거기를 떠나 큰 바다로 나온 지 1주일이나 지났지만, 그 광경과 악취는 지금도 가벼운 베일에 싸인 구토와 열기를 동반하고 우리 뒤를 쫓고 있다. 그동안 나는 이 베일을 통하여 매우 아름답고 기이한 이 도시를 마치 흥분을 자아내게 하는 모험을 할 때와 같이 체험하였던 것이다.

팔렘방이 위치하고 있는 강과 수없이 많은 잔잔한 운하와도 같은 지류들은 아침이 되면 저녁과는 반대 방향으로 흘렀다. 전혀 기복이 없는 전 해역은 해면에서 불과 2미터 높이에 위치하고 있는데, 70내지 80킬로미터나 떨어진 곳에 있는 바닷물이 매일 매일 이 먼 수로를 타고 올라와서 물의 흐름을 바꿔 놓고는 늪을 호수로, 수렁 속의 도시를 아름다운 동화의 도시로 바꾸었으며, 어느 곳이나 살기좋은 터전으로 만드는 것이었다.

만조 시간은 그날 그날에 따라 차이가 있으나, 내가 머물던 때는 정오경에 시작되었다. 밀물이 들면 수없이 많은 말뚝 위의 집들은 잔잔하게 흐르는 갈색 수면에 곱고 매혹적으로 아른거렸다. 아주 작은 운하 위에서도 그림처럼 아름다운 수많은 배들이 놀라울 만큼 조용히 익숙한 솜씨로 운하를 누비듯이 왕래하였다. 집집마다 설치해 놓은 수면 위의 가파른 나무 계단 맨 아래에서는 벌거숭이 아이들이 멱을 감고 있었으며, 여인네들은 몸을 가린 채 물을 끼얹고 있었다. 뗏목 위에 마련된 운치 있는 중국인 상점들의 램프 불빛에 펼쳐지는 어슴푸레한 아시아의 저녁 풍경과 수상생활의 아름다운 단면이 드러나 보였다.

그러나 간조 시간이 닥쳐오면 이 도시의 태반은 칙칙한 하수구로 변모하여 자가용 보트는 수렁 속에 죽은 듯이 비스듬히 처박혀 있었다. 구릿빛 피부의 이 고장 사람들은 물과 진창과 시장의 쓰레기로 범벅이 된 방죽 속에서 태평스럽게 멱을 감았으며, 그리고 이처럼 방치된 쓰레기더미는 사정없이 내리쬐는 햇볕 속에 정말이지 암담한 몰골을 드러내고 말할 수 없는 악취를 풍기고 있었다.

그렇다고 나는 이곳 원주민들을 나무랄 수 없다. 그 강이 흐르지 않는 것은 결코 그들의 책임이 아니기 때문이다. 그러므로 강물은 맑을 수 없었으며, 음식찌꺼기와 배설물이 집 둘레에 떠다니게 마련이었고, 무섭도록 내리쬐는 햇볕은 또 이 오물들을 발효케 하기 마련이었다. 외국인들이 이 고장의 불결함을 아무리 겁내고, 또 몇날 며칠 목욕을 단념하고 소다수로 이를 닦으며 말레이 사람들에 대한 우월감을 자랑삼고 있다 할지라도, 동남아 사람들은 유럽인보다는 훨씬 청결하다는 것을 잊어서는 안 된다. 우리들의 근대 유럽적인 청결함은 모두 인도나 말레이에서 배워 온 것이고, 이것은 또한 움직일 수 없는 진실이다. 매일매일 목욕하도록 재촉하는 근대적 청결관념은 영국에서 비롯된 것이기는 하지만, 사실은 인도에 체류한 많은 영국인이나 열대지방에서 돌아온 사람들의 영향으로 영국에서 성행했음에 불과하다. 목욕이라든가 자주 양치질을 하든가 하는 그들의 습관은 모두 인도나 실론, 또는 말레이 원주민들에게서 배워온 것이다. 아주 평범한 여인네들도 식사 후에는 매번 가느다란 이쑤시개로 잇새에 낀 음식 찌꺼기를 후벼내고 청결한 물로 양치질을 하는 것을 나는 보았다. 우리나라에서는 백 사람 가운데 겨우 다섯 사람이나 열 사람 정도가 그 같은 짓을 하고 있을 따름이다. 뷔르템베르크나 바아텐(역주=독일 서남지방에 위치한 지방명)의 농부 중에는 기껏 1년에 두 번 아니면 세 번 정도 목욕탕에 들어가는 사람을 나는 많이 알고 있다. 그러나 말레이인이나 중국인들은 적어도 하루에 한 번은 목욕을 하며, 대다수의 사람들은 번번이 멱을 감는다. 그들의 이와 같은 청결 관념은 그 연혁이 매우 오래이고, 적어도 중국 고서古書에는 이러한 청결 행위가 당연한 것으로 기록되어 있다. 이를테면 《원천척인 근원의 서(Bach von guellenden urghund)》에는 '그는 숙소에 당도하여, 몸을 씻고 양치질을 하고 물기를 닦아내고 머리에 빗질을 한 연후에—' 라는 구절이 있다.

이 이상야릇한 도시 팔렘방은 옐로톤과 고무, 목면과 해초류, 어류와 상아, 후추, 커피, 수지, 그리고 이 고장에서 나는 직물과 레이스 등이 거래되는 시장이었다. 수입품으로는 영국 산이나 스위스 제품을 흉내낸 허리가리개감과 뮌헨이나 브레멘의 맥주, 독일과 영국의 메리야스 류와 멕클렌부르크나 네덜란드산의 살균된 우유, 렌즈부르크와 캘리포니아의 과일 통조림 따위이다. 네덜란드인의 서점에 들르니 각국의 천박하기 이를 데 없는 통속소설의 번역물이 산재해 있었으나, 물타툴리(역주=네덜란드인으로 자바에 건너와서 1856년 부총독이 되었던 문필가)의 《하벨리아르》(역주=물타툴리의 유명한 인도 기행문)는 없었다. 백인들에게 소용이 닿을 만한 것으로는 유럽의 여러 작은 도시에서 온 매우 유행에 뒤떨어진 토산물이 고작이었다. 토인들은 독일이나 아메리카의 모조품을 엉터리 일본 장사꾼에게서 입수하고 있었다. 이곳에서 천 미터 떨어진 곳에서는 호랑이가 염소를 물고 갔으며, 코끼리가 전신주를 넘어뜨리곤 하였다. 아름다운 물새와 왜가리, 그리고 독수리들이 모여드는 소택지를 지나 운하 밑으로는 수백 마일 저편에서부터 눈에 띄지는 않으나 원유가 철관을 통해 쉴새없이 이 도시의 정유공장으로 흘러오고 있었다.

나는 여기서 낡은 중국제 비단 숄을 샀다. 그러나 그 값은 유럽에서 생산된 강철 펜촉 열두 다스들이 한 상자 값의 한 배 반이나 되었다. 우스운 것은 터무니없이 비싼 네덜란드 관세 때문에 상업이 부진한 이곳에 비해 관세가 없는 영국령 항구 도시 페낭이나 싱가포르, 그리고 콜롬보의 생활비가 거의 배가 든다는 사실이었다. 대체적으로 네덜란드의 식민사

업은 어디에서나 원주민들을 다소 근시안적인 안목으로 착취하고 있다는 인상이 짙었다. 물론 네덜란드나 인도의 쌀밥 식단이 반드시 좋다고는 할 수 없었지만, 어쨌든 영국인이 그들 식민지의 호화로운 호텔에서 제공하는 식탁에 비하면 어떤 경우든 하늘과 땅 정도의 차가 있었다. 만약 영국인이 문화민족으로서 갖추어야 할 근본적인 두 가지 재능, 즉 뛰어난 미각과 음악에 대한 이해를 구비했더라면 문자 그대로 세계 제일의 뛰어난 민족이 될 수 있었을 터인데—. 이 두 가지 점에 있어서는 우리는 영국의 식민지에서 아무것도 기대할 수 없었다. 그 밖의 모든 것은 명실상부 일류에 속했다.

이 고장 사람들은 남의 비위를 맞추기 위해 전전긍긍한다. 게다가 이러한 노예근성이 몸에 밴 말레이 인들은 유럽풍의 쾌적함과 향락, 또한 주인 행세하는 것을 흉내내기 좋아하며, 그런 일에는 무척 민감하며 잽싸다. 바로 한 시간 전에는 우리로 인하여 그 가련한 굴욕을 겪었던 그 노동자가 지금은 의기양양하게 흰 옷으로 갈아입고 — 그것은 우리 것이 아니면 세탁소 주인이 그에게 빌려주었는지도 모른다 — 한 시간에 10센트나 하는 임대용 자전거로 거리를 누비는 모습을, 그리고 노란 구두에 담배를 꼬나물고 당당한 태도로 단골손님인 양 당구장에 나타나는 모습을 목격하게 된다. 그런 다음 그는 다시 자기 움막집으로 돌아가서는 허리가리개를 두르고서 편안한 태도로 나무계단 위, 조금 전에 소변을 본 바로 그 장소에서 물을 떠서 양치질을 하는 것이다.

수향水鄕의 신비

사랑하는 여인과 함께 나는, 어제 내가 팔렘방에서 작은 꽃배를 타고 갔던 그 뱃길을 다시 한 번 가보고 싶다.

저녁 무렵, 우리들은 짚신처럼 납작하게 생긴, 아무리 얕은 수렁 위에도 떠갈 수 있는 작은 배를 타고 썰물을 따라 좁다란 지류로 나아갔다. 말뚝 위에 있는 움막에서는 눈에 익은 소박한 생활이 영위되고 있었으며, 말레이 인은 새잡는 기술, 노젓는 기술에 못지 않게 그물로 고기잡는 솜씨도 뛰어났다.

알몸으로 떠들고 있는 아이들, 배 위에서 소다수나 당밀을 팔고 있는 상인, 코란이나 아주 작은 이슬람교 기도서를 팔려고 낮은 목소리로 손님을 부르는 사람, 멱 감는 아이들, 이러한 모습들이 눈에 띄었다. 싸우는 모습은 별로 보이지 않았고 치한은 한 사람도 없었다. 서구의 여행자로서 이런 것이 눈에 띈다는 것은 부끄러운 일이다.

우리들은 천천히 노를 저어 나갔다. 개천 같은 운하의 지류는 점점 좁고 얕아졌다. 이젠 움막들도 보이지 않았다. 말없는 수렁과 짙푸른 수풀이 우리를 에워쌌다. 여기저기 강기슭과 물 속에 나무들이 서 있었다. 그 수는 알지 못하는 사이에 불어났다.

　마구 엉클어진 나무뿌리가 우리를 향해 삐죽삐죽 내밀고 있었다. 머리 위로는 나뭇잎과 나뭇가지로 된, 발이 총총한 푸른 그물과 아치를 이루며 늘어져 있었다. 얼마 되지 않아 하나하나의 나무를 서로 구별할 수 없게 되었다. 모든 나무는 뿌리와 가지, 그리고 덩굴이 서로 한데 얽혀 있었으며, 그 위에는 양치류와 기생寄生 식물이 뒤덮여 있었다.

　이 적막한 수풀 속에 이따금 날아다니는 것은 찬란한 색깔을 사방에 뿌리면서 이곳에 대량으로 서식하고 있는 나비의 일종인 물총새와 잿빛 날개를 하늘거리는 작은 도요새, 그리고 까치처럼 희고 검은 색깔을 하고 지빠귀를 닮은 원시림의 살찐 명금류鳴禽類들이다. 그 외에는 단지 아치형의 울창한 수목이 소리 없이 성장하는 숨결만이 들릴 따름이었다. 강폭은 겨우 배 하나 지나갈 정도로 좁았으며, 게다가 시시각각 변화무쌍한 굴곡을 드러내어 우리는 길이와 거리에 대한 감각이 흐려진 채 뒤엉킨 수목들의 아치와 넓은 잎을 가진 수초를 비집고 망연히 녹색의 영원 속으로 배를 저어가고 있었다. 모두가 너무나 놀라워 말없이 앉아 있을 뿐 누구 한 사람이 마법의 세계가 과연 흩어질 것인가, 언제 그리고 어떻게 흩어질 것인가를 생각하지는 않았다. 이 마법에 걸린 상태가 반 시간이나 계속되었는지, 아니 한 시간 혹은 두 시간이 지속되었는지 나는 이제 기억할 수 없다.

그러나 이러한 마법에 걸린 상태는 갑자기 우리들의 머리 위에서 울리는 날카롭고도 기이한 고함소리와 나뭇가지들이 마구 흔들리는 것으로 깨어졌다. 우리들의 침입을 받아 격분하게 된 잿빛 털을 지닌 몸집 큰 원숭이 가족들이 우리를 노려보고 있었다. 우리는 배를 멈추고 조용히 기다렸다. 그러자 그들은 다시 한데 어울려 이리 뛰고 저리 뛰며 놀기 시작했다. 얼마 안 있어 또 다른 원숭이들이 모여들었고, 또다시 다른 한 떼가 합세하여 우리 머리 위는 온통 원숭이로 뒤덮였다. 그들은 때때로 성난 표정으로 경계하듯 우리들을 내려다보았고, 사슬에 묶인 개처럼 으르렁거리기도 했다. 백 마리가 넘는 이 짐승들이 우리들의 머리 위에서 으르렁거리며 이빨을 드러냈을 때 팔렘방에서 함께 온 말레이 인이 말없이 손가락으로 우리에게 경고하였다. 우리는 조심스럽게 몸 하나 움직이지 않고 나뭇가지 하나 건드리지 않도록 주의하였다. 팔렘방으로부터 한 시간의 거리인 이 숲 속에서 원숭이에게 목이 졸려 죽음을 당하는 것이 우리 모두에게 꼭 부끄러운 일이라고는 할 수 없어도 명예로운 최후라고는 생각할 수 있었다.

동행한 말레이 인이 조심스럽게 짧은 노를 물 속에 집어넣었다. 우리들은 소리 없이 웅크리고 앉아 울창한 숲을 헤치고 조심조심 뱃머리를 돌렸다. 움막집 앞을 지나서 큰 강줄기로 나왔을 무렵 해는 이미 저물었다. 우리는 어둠 속에서

만수가 된 강 양편 기슭에 수없이 많은 불빛이 점점이 밝혀진 수도水都 팔렘방이 마치 마술의 도시처럼 빛나고 있는 것을 보았다.

중국 기선 마라스 호

팔렘방에서 여러 날 체류하면서 호텔 뉴우체르크의 뒤꼍에 투숙하여 새카만 운하를 바라보며 악취와 모기떼의 성화에 시달리고, 깨끗한 물로 목욕할 기회가 영영 오지 않게 되면 누구나 결국 어디로든지 떠나고 싶은 열망에 사로잡히게 된다. 그리하여 다음 배편이 있을 때까지의 시간을 손꼽아 기다리게 된다.

나는 한 달째 편지를 받지 못했다. 그리고 수면부족으로 눈이 빨갛게 충혈되어 있었으며, 야릇한 이곳 생활에 지친데다 목욕조차 하지 못하여 허탈상태에 빠져 있었다. 마침내 나는 중국 기선 마라스 호의 객실을 예약하기에 이르렀다. 이 배는 금요일 아침에 도착하여 토요일 중으로 다시 싱가포르를 향하여 출항한다는 것이었다. 나는 모기장에 들어박혀 이제는 금요일 아침만을 초조하게 기다리는 신세가 되었다. 읽을거리도 이미 바닥이 났고, 큰 상자는 싱가포르에 남기고 왔으며, 고향에서의 소식도 두 주일째 받지 못했다. 나의 일과는 매일매일 피곤해질 때까지 시내를 마구 쏘다니는 일이었고, 그러고는 피곤이 다시 풀릴 때까지 몇 시간이든 잠을 자는 일이었다. 그 외에 메모한 것을 뒤적거리거나 아니면 말레이어를 익히는 것이 고작이었다. 그러나 이제 배를 탈 수 있게 되었다. 하루나 이틀 후면 출발할 수 있는 것이다. 그리고 얼마가 지나면 마치 즐거운 체험이 가르쳐 주듯, 이 며칠 동안의 불쾌했던 기억은 자취를 감추게 되고, 많은 아름다운 것과 찬란한 것과 그리고 흐뭇한 추억만이 남을 것이다.

그러나 금요일 아침이 지나고 저녁이 지나도 마라스 호는 나타나지 않았다. 토요일 아침에도 역시 감감소식이었다. 밤중에도 나는 몇 시간 동안이나 입항하는 뱃고동 소리에 귀를 기울였다. 토요일도 마침내 헛되이 지나가고 말았다. 일요일 아침에야 비로소 배가 도착하였다. 비만 오지 않는다면 그 다음날에는 출범할 수 있다는 소식을 들었다. 일요일에 나는 아침부터 밤까지 강 위에 나가 있었다. 악어잡이 패들과 함께 무겁고 낡은 네덜란드제 군용 총을 무릎 위에 올려놓고는, 더위와 그리고 강물에서 반사되는 햇빛에 충혈된 눈으로 작은 보트 안에서 기회를 엿보고 있었다. 그러나 이와 같은 날씨에는 수확이 없게 마련이었다. 총을 쏠 기회는 영영 오지 않았다. 그러나 이렇게 물이 불어 있을 때에는, 최소한 두세 마리의 악어가 모습을 보였다는 것만은 다행한 일이며 그것으로 만족해야만 했다.

배는 내일 떠난다. 그러면 이까짓 수마트라의 악어 따위는 문제가 되지 않는다. 마을에 닿자 나는 마라스 호는 내일 아침 아니면 오후, 아무리 늦어도 밤에는 출범하게 될 것이라는 사실을 알았다. 나는 애정과 추억에 잠겨서 꼼꼼히 짐을 꾸렸다. 마라스 호는 아침이 되어도 출범하지 않았고 저녁에도 마찬가지였다. 그러면서도 이 배를 탈 생각이 있으면 저녁까지는 승선해야 한다는 것이었다. 늦어도 열시까지는 타고 있지 않으면 안 된다는 것이었다.

  내가 그 시각을 착각할 리 만무하다. 정각 아홉 시에 짙은 어둠을 뚫고 ― 우리와 같은 유럽인은 진짜 밤의 어둠이 무엇인지를 모른다 ― 나는 배 곁으로 다가갔다. 불이 켜있지 않은 어둠 속을 더듬으며 다른 배와 곯아떨어진 뱃사공 옆을 겨우 빠져서 짐을 든 채 불빛 하나 없는 가래계단이 있는 곳에 다 달았다. 그리고 희망에 부푼 가슴을 안고 가래계단을 타고 올라가 배 위에 서게 되었다. 배에는 짐이 엄청나게 실려 있었다. 선창(船艙)에는 한결같이 옐로톤과 목면이 산더미처럼 쌓여 있었으며, 그 밖에도 해조류를 만재한 스무 척이 넘는 나룻배가 기선 옆에 모여 있었다. 따라서 아직도 적하(積荷) 작업은 계속되고 있던 중이었고, 어두운 갑판 위에는 많은 노동자들이 운집해 있어서 나는 큰 상자와 목재를 기어 넘지 않을 수 없었다. 드문드문 밝혀 놓은 램프 옆으로 노동자들이 다가서면, 땅에 젖은 누런 몸뚱아리가 어둠 속에서 꿈틀

대고 있는 무리 가운데서 번들거렸다.

선장은 네덜란드인이었다. 그는 나에게 선실을 배정해 주었으나, 그 방 안은 마치 한증막 같이 더웠다. 신발을 벗자 그 이유를 알았다. 기관실이 바로 옆에 있었기 때문에 바닥이 달아올라 발바닥에 화상을 입을 정도였다. 선창船窓이라곤 하지만 그것이 회중시계의 문자판 정도밖에는 되지 않았다. 그 대신 통풍기와 전등은 갖추어져 있었다. 그러나 그 전등 역시 몇 년째 제구실을 하지 못하는 것 같았다. 그을음이 잔뜩 낀 석유램프 하나가 덩그렇게 방을 밝히고 있었다. 시시각각 출범이 기대되고 또한 약속되었다. 나는 새벽 한 시가 지나도록 피로에 지쳐 납덩이처럼 무거운 몸으로 갑판 위에 있는 의자에 앉아 퉁퉁 부은 눈으로 멍청히 배 안을 살피고 있었다. 그러다가 선실로 돌아와 몸을 눕히니 늘어뜨린 손끝에서 흘러내리는 땀방울이 마룻바닥에 뚝뚝 떨어지는 소리가 들렸다. 나는 다시 일어나 갑판 위로 나가 비를 맞으면서 노동자들과 함께 시가를 피우며 어두운 선창을 이리저리 돌아다녔다. 이따금 곤히 잠든 사람의 몸에 걸려 넘어지기도 하고, 원숭이를 생포해 넣은 상자를 쓰러뜨리기도 했으며, 상자모서리에 부딪히기도 하였다. 동이 틀 무렵에는 완전히 지쳐 다시 상갑판으로 올라갔다.

아침 여섯 시에 보르도 산 포도주를 마시고서 인도 산 독한 시가를 피운 것은 난생 처음이었다. 그러자 피로가 가시고 눈뜨기가 편안해진 것 같았다.

　이렇게 글을 쓰고 있는 동안에도 배는 달리고 있다. 정오 무렵에 출발하여 이제 한 시간이나 경과하고 있다. 달리 할 일이라도 있다면 이렇게 쓰고 있지는 않을 터이지만. 갑판에는 의자라고는 단 한 개밖에 없고, 내가 만일 쓰는 일을 중단하면 당장 선장이 달려와서 말을 건넬 것이 뻔하다. 선장은 인정 많은 사람이었고 그의 부인도 이 배에 동승하고 있었다. 그들은 상갑판에 있는 선장실에서 살림을 하고 있었다. 그는 우표 수집가로서 엄청나게 많은 우표를 가지고 있었다. 그 밖에 그는 피부병을 앓고 있는 중국산 개 한 마리를 기르고 있었는데, 유감스럽게도 그것은 충견忠犬은 아니었다. 그는 주인보다는 오히려 나를 더 따랐다. 그의 부인도 다섯 마리의 새끼고양이와 열 마리인지 열한 마리인지 작은 새를 초롱 속에 넣어 기르고 있었다. 이 배 안에는 그밖에도 네 마리의 살아 있는 원숭이가 — 내가 밤에 쓰러뜨린 것은 이들이 들어 있던 상자였다 — 있었는데, 그 중에서 가장 어린놈은 나와 퍽 친숙해져서 만져도 반항하지 않았다. 그러나 유감스럽게도 그 원숭이들은 지독한 냄새를 풍겼다.

　우리들이 탄 배는 천천히 강을 따라 아래쪽으로 항해하였다. 저녁에는 바다로 나갈 것이며, 대략 서른두 시간 후에 싱가포르에 닿을 것이다.

(추가追加, 저녁에)

나는 모든 것을 철회했다. 내가 쓰는 일을 중단했을 때에는 아무도 나를 방해하지 않았다. 도리어 매우 훌륭한 오찬에 초대를 받았다. 선장 부인이 상갑판 양쪽에 조립식 침대를 마련해 주어서 나는 두 시간 동안 그곳에서 쉴 수도 있었다. 쉬고 나니 모든 것이 다 좋아 보였다. 아까 말한 중국산 개도 피부병이 아닌 것 같았다. 열대지방의 개들이 그렇듯이 이 개도 털이 빠진 것으로, 병에 걸린 게 아닌 모양이었다. 꼬리 쪽에서부터 털이 빠져 있었다. 남은 털로 미루어보건대 전에는 매우 아름다운 블론드 빛깔의 털을 갖고 있었을 것이다. 몹시 측은해 보였다. 선창의 크기도 작은 괘종시계의 문자판 정도였으며 회중시계 운운한 것은 과장이었다.

나는 몸에 잔뜩 비누칠을 하고 강물을 뒤집어썼다. 열흘 만에 상쾌한 목욕을 한 셈이었다. 이제 눈뜨기가 한결 편안해졌다. 저녁 다섯 시밖에 되지 않았는데도 벌써 어두워지기 시작했다. 배는 큰 강의 하구에 닿았다. 눈앞에는 얕은 바다가 희뿌옇게 가로놓여 있었다. 키를 잡은 수로 안내인은 이제 얼마 안 있어 임무를 끝내고 우리 곁을 떠날 것이다. 맞은편 쪽에 기다란 준령을 거느린 방카 섬이 짙푸르고 고운 자태를 드러내고 있다.

(추가追加**, 밤 열 시)**

그 개는 역시 피부병을 앓고 있었다. 개와 고양이와 원숭이 외에도 두 마리의 아르마딜로와 한 마리의 호저豪猪, 그리고 표범 한 마리가 산 채로 배에 실려 있었다. 그들은 비록 우리 속에 갇혀 있었지만 선실 안에 있는 우리보다는 더욱 신선한 공기를 호흡할 수 있었다. 만찬의 자리는 매우 흥겨웠다. 선장 부인이 커다란 축음기를 들고 나와 특히 나를 위하여 틀어 주었다. "달러 여왕과 카루소"였다. 열대지방에 사는 유럽인들은 한결같이 축음기를 갖고 있었다. 이렇게 하여 싱가포르로 돌아가기 전에 나는 벌써 오페레타 풍의 분위기에 싸이게 되었다. 이러한 분위기는 동양에 있어서의 유럽인의 생활상의 특징이라 여겨졌다.

간디 시에서의 산책

유명한 간디 마을은 한 인공호수가의 좁은 계곡 안에 있었으며, 오래된 사원과 아름다운 숲을 제외한다면 볼만한 것이라곤 아무것도 없었다. 너무나도 부유한 영국인들에 의하여 그 자연환경이 조직적으로 파괴된 해외 도시의 모든 악덕과 결점을 모두 지니고 있었다. 그러나 그 대신 간디 마을에서부터는 사방팔방으로 세계에서도 그 유례를 찾아볼 수 없을 정도의 아름다운 산책로가 풍광 수려한 여러 지방으로 통해 있었다. 나는 이곳에서 상당한 기간 동안 머물렀지만 유감스럽게도 그 반밖에는 구경하지 못했다. 우기雨期가 늦었기 때문에 간디 마을은 늦가을의 쉬바르쯔발트 계곡처럼 언제나 굵다란 빗줄기와 먼지투성이의 안개 속에 잠겨 있었다.

  어느 날 오후, 나는 소리 없이 쏟아지는 비를 무릅쓰고 시골풍의 말라발 가街를 어슬렁거리며 반나체의 싱가포르 소년들을 흐뭇한 눈초리로 바라보고 있었다. 유감이지만 전형적인 열대지방의 풍경에서는 단 한 번도 느껴보지 못했던, 자연으로 돌아가는 한가로움, 그리고 고향의 품에 안기는 듯한 따스함을 나는 이 소박한 원시적인 자연인을 대할 때마다 느꼈다. 이곳 인도에는 흔히 우리가 '남국의 소박함'을 얻고자 찾아가는 이탈리아보다는 훨씬 아름답고 훨씬 진지한 인간의 야성野性이 번영하고 있으며 또한 영위되고 있었다. 지중해 연안도시의 신문팔이나 성냥팔이들이 너 나 할 것 없이 자기가 이 세계의 중심인 양 왁자지껄 떠들어대는 그 야단스러운 소음에 대한 기쁨과, 그리고 제정신이라고는 전혀 생각할 수 없는 잘난 척하며 뻐기는 것은 이곳 동양에서는 찾아볼 수 없다. 인도인이나 말레이 인 그리고 중국인들은 그들이 많이 몰려 살고 있는 시들의 많은 동리들을 메우고 있으나, 그들의 삶은 강인하고 다채로우며 긴장으로 넘쳐 있다. 그러나 그들은 한편 개미처럼 소리 없이 일하고 있다. 그들에 비교한다면, 우리 남부 유럽의 도시인들은 마땅히 부끄러워할 줄 알아야 할 것이다. 그 가운데서도 실론 사람들은 본디 남의 눈에 두드러지지 않는 간소하고 담백한 생활을 하고 있었으며, 빈부의 차가 거의 없었다. 그들의 조용하고 양처럼 순박한 몸가짐은 서구에서는 도저히 찾아볼 수 없다.

원두막 같은 초옥은 한결같이 아담하고 소박한 꽃밭을 갖고 있었는데, 그것은 한길 쪽과 초옥의 벽 사이에 매달려 있는 형편이었다. 그리고 그 꽃밭 안에서는 두세 그루의 장미와 분재한 템플플라워가 꽃을 피우고 있었다. 집집마다 문 앞에서는 어김없이 몇 명의 아이들이 어지럽게 뛰놀았다. 그 아이들은 모두 하나같이 예뻤으며, 흑갈색 피부에 치렁치렁한 검은 머리칼을 늘어뜨렸거나 면도칼로 싹 밀어버려서 보기만 해도 절로 웃음이 나왔다. 아이들은 모두 알몸뚱이로 나다녔으나 가슴에는 부적을 달고 손목과 발목에는 은으로 만든 팔찌를 끼고 있었다. 말레이 인과는 달리 외국인을 조금도 무서워하지 않고 오히려 아양을 떨며 돈을 달라고 손을 내미는 것이었다.

아이들은 동냥질을 하며 소리치는 'Money'란 영어를 자기 나라의 '돈'이란 말보다 먼저 배우는 경우가 많다는 것이다. 소녀들과 젊은 아낙네들은 간혹 놀랍도록 아름다웠다. 그리고 그들은 예외 없이 아름다운 눈을 가지고 있었다. 어지럽도록 울창한 숲 속으로 빠져 들어간 험준한 샛길로 들어

서서 나는 풀냄새가 물씬 풍기는 협곡을 내려갔다. 마치 온실 속 같았다. 그 사이사이로 수많은 논이 단지를 이루고 있었다. 수렁 같은 논에서는 반나체의 일꾼들이 잿빛 물소를 부리며 논을 갈고 있었다.

샛길의 마지막 벼랑을 내려서자 나는 갑자기 마하벨리 강의 기슭에 다다랐다. 장마로 물이 불어난 수려한 계류는 좁은 암벽의 원생암原生岩에 부딪혀 물거품을 일으키며 흘러갔다. 울룩불룩한 작은 돌섬과 절벽이 마치 청동으로 만들어 놓은 듯이 황토빛 물거품 속에서 거무스름한 모습을 드러내고 있었다.

널따란 암반으로 된 선착장에는 방금 뗏목처럼 생긴 나룻배가 닿았다. 눈이 먼 노인이 부축을 받으며 기슭으로 내려섰다. 그는 참을성 있는 얼굴과 쪼글쪼글하게 마른 누런 손으로 이리저리 더듬으며 가파른 길을 올라가고 있었다. 옷 속까지 빗물에 젖은 채 나는 서둘러 작은 나룻배에 올라 불그스름하고 험한 강기슭의 풍경을 바라보며 건너편 기슭에 닿았다. 그곳에서 나는 바위투성이의 계단을 올라 다시 숲 속의 어둑어둑한 길을 걸었다. 그러고는 초목과 논이 즐비한 길을 따라 나아갔다. 농부들은 막 수확을 끝내고 다시 씨를 뿌리기 위해서 논을 갈고 있었다. 이 고장은 기후도 좋고 예로부터 땅이 비옥하기 때문에 때를 가리지 않고 수확이 가능한 곳이다. 붉은 토양이 빈틈없이 자라난 초목에 파묻힌 이 좁은 계곡은 쉴새없이 내리는 빗속에서 풍요의 열기를 사방에서 발산하고 있어 마치 부드러운 진흙이 곳곳에서 신비로운 창조 활동에 들끓고 있는 것 같았다.

이곳에서 약 3킬로미터 가량 올라가면 바위를 뚫어 만든 사찰이 있는데, 이것은 실론에 있는 사원 가운데 가장 오래되고 가장 신성한 곳으로 알려져 있다. 나는 얼마 걷지 않아서 가파른 비탈에 조그마한 암자와 또한 그 암자에 딸린 뜰이 암벽에 달라붙어 있는 것을 보았다. 곧 본당本堂이 눈에 들어왔고, 그 앞에 암반을 뚫어 만든 선반에는 빗물이 가득히 괴어 있었다. 그리고 근세풍의 나벽裸壁에 인접한 닳아서 반질반질해진 주랑柱廊 현관이 눈앞에 다가왔다. 그러나 모든 것이 황량하고 어둡고 을씨년스러웠다. 한 애송이 중이 달려가서 어른 중을 데리고 왔다. 본당의 첫번째 문이 열렸다. 중의 손에 들린 두 자루의 촛불이 불안하게 빤작거렸으나 캄캄하고 조용한 그 내부를 환하게 밝혀주지는 못했다. 단지 중의 주름진 이마만이 그 엷고 붉은 빛으로 번들거렸으며, 벽의 곳곳에 있는 태고적의 벽화의 한 부분만이 희미하게 드러날 뿐이었다. 나는 벽면을 자세히 살펴볼 생각으로 중과 둘이서 두 자루의 희미한 촛불을 들고서 이 커다란 프레스코(역주=채 마르지 않은 석회벽 위에 그린 벽화)의 벽을 마치 우표 수집이나 하는 듯이 한 치 한 치 비추며 바닥까지 더듬어갔다. 엷은 황색과 적색으로 채색된 고풍의 원시적인 윤곽이

드러났고, 불교의 전설에서 취재한 수많은 사랑스럽고 즐거운 묘사가 드러났다. 출가出家하는 부처, 보리수 아래의 부처, 제자 아난타阿難陀(역주=부처의 종제從第로써 10대 제자의 한 사람이며 16라한羅漢의 한 사람)와 마하가섭摩訶迦葉(역주= 부처의 10대 제자의 한 사람. 부호의 아들로 파라문婆羅門을 수행하였고, 불교에 귀의하여 소욕지족少欲知足의 두타행頭陀行 제1의 성자로 추앙되었음)을 거느린 부처의 그림 등이었다. 나에게는 불현듯 아시시(역주=이탈리아의 도시 이름)가 머리에 떠올랐다. 그곳의 거대하고 텅 빈 성聖 프란체스코 성당 안의 벽화는 지오토(Giottos)의 손에 의하여 성 프란체스코의 전설이 벽 전체에 그려져 있다. 정신적인 면에서 본다면 이 두 벽화는 서로 동일했지만, 이곳의 벽화는 모든 것이 작고 섬세하였으며, 그 필치에는 문화와 생명이 약동하고 있었으나 인격적인 것이 결핍되어 있었다.

그런데 막 노승이 맨 안쪽 문을 활짝 열었다. 그 곳은 완전한 암흑이었고, 안쪽은 암굴로 되어 있었다. 나는 거기에 무엇인가 엄청나게 거대한 것이 있을 것이라는 예감이 들었다. 촛불을 들고 다가섰을 때, 그 불빛에는 거대한 하나의 형체가 어른거렸다. 그 형체는 우리들이 들고 있던 희미한 촛불의 테두리 밖으로 튕겨져 나갔다. 나는 아연했다. 그것은 정말 엄청나게 거대한 부처의 잠들어 있는 머리라는 것을 가까스로 알게 되었다. 그 얼굴은 매우 컸고, 흰빛으로 반짝이고 있었으며, 우리들의 희미한 촛불은 단지 그 어깨와 팔 정도를 비쳤을 뿐 다른 부분은 어둠 속에 가려져 있었다. 나는 이리저리 돌며 노승을 구슬러 두 자루의 촛불을 이렇게도 비추고 저렇게도 비추어 겨우 흐릿하나마 그 전모를 볼 수 있었다. 내가 본 이 부처의 와상臥像은 그 길이가 마흔두 척으로, 그 거대한 동체는 암굴의 벽면을 온통 가리고 있었으며 그 왼편 어깨 위에 암반이 놓여 있는 형편이었다. 만약 이 불상이 일어선다면 우리 머리 위에 있는 산은 무너지고 말 것이다.

간디 시의 일기에서

저녁이었다. 나는 호텔 방 안에 누워 있었다. 며칠째 붉은 포도주와 아편으로 연명하면서 심한 배앓이에 시달리고 있었다. 오늘 저녁에는 몸을 일으켜 밖으로 나갈 용기도 기력도 없다. 게다가 장마철이라 땅거미가 들자, 밖은 습하고 짙은 어둠이 곧 깔렸다. 나는 어떻게 해서라도 이 순간의 고통에서 빠져나가야만 하겠다. 그리하여 나는 두 시간 전에 목격했던 것을 여기에 기록해 보고자 한다.

여섯 시경이었다. 이미 어둠이 깔리기 시작하고 있었다. 비가 퍼붓고 있었다. 나는 침대에서 몸을 일으켜 밖으로 나왔다. 줄곧 누워 있었을 뿐 움직이는 손도 대지 않았기 때문에 몸을 가누기가 매우 힘들었고, 게다가 이질 예방으로 먹은 아편 때문에 머리가 띵했다. 아무런 생각 없이 나는 어둠 속을 뚫고 사원으로 통하는 길을 더듬어 나아갔다. 얼마 걷지 않아서 오랜 사원 입구에 있는 어둑어둑한 연못에 다다랐다. 이 사원에서는 빛나는 아름다운 불교가 우상 숭배의 본보기로 타락해 있었다. 꿈결같이 곱고 아련한 음악이 들려왔다. 여기저기에 기도자의 어두운 그림자가 깊이 고개를 숙이고서 무엇인가를 중얼중얼 외고 있었다. 짙고 감미로운 꽃 내음이 내 코 끝에 확 밀려왔다. 사원의 문을 지나서 안쪽에는 어둑어둑한 방들이 보였고, 그 안에는 많은 가느다란 촛불이 하나하나 소리 없이 마치 도깨비불처럼 마구 뒤섞여 타고 있었다.

한 안내승案內僧이 나를 곧 알아보고는 앞쪽으로 잡아끌었다. 흰 옷으로 몸을 가린 두 사람의 젊은이가 제각기 손에 촛불을 켜들고 달려와서는 내 발길을 밝혀 주었다. 그들은 착하디착하고 온화한 얼굴을 지닌 실론 사람들이었다. 앞장서서 허리를 깊이 굽히고 걸어가는 이 두 젊은이는 내가 걸려 넘어질 것 같은 어떠한 작은 계단도, 그리고 불쑥 튀어나온 기둥도 조심스럽게 비춰 주었다. 몽롱한 기분으로 마치 아라비아의 동화에 나오는 보물의 동굴 속으로 들어가듯 나는 이 모험을 향하여 깊숙이 빨려들어 갔다.

놋쇠로 만든 쟁반을 내 앞에 내밀었다. 사원 참배료를 청구하기에 나는 1루피를 쟁반 위에 내놓았다. 촛불을 든 안내인에게 인도되어 나는 앞으로 계속 걸어갔다. 감미로운 향기를 풍기는 하얀 공양화供養花가 내 앞에 제공되었다. 나는 몇 송이를 집어들고는 돈을 치렀다. 나는 그 꽃을 여기저기 흩어져 있는 벽감壁龕과 불상 앞에 공물로서 바쳤다. 눈앞에서 수많은 작은 황금빛으로 타고 있는 촛불이 어둠과 어울려 춤추고 있는 동안 나는 안내인을 따라서 조그마한 사자 석상石像과 수많은 연꽃 그림을 지났다. 그리고 조각하여 채색한 원주圓柱와 각주角柱 옆을 지나서 어두운 계단을 올라갔다. 마침내 나는 유리로 된 커다란 사리함에 다다랐다. 사리함의 유리와 지주支柱는 먼지로 덮여 있었으나 그 안에는 불상으로 가득 차 있었다. 황금으로 된 것, 놋쇠나 은으로 된 것, 상아·화강암으로 된 불상, 그리고 목각 불상, 설화석雪花石 불상, 또는 보석을 박은 것 등, 이것은 샴과 실론에서 건너온 불상이었다. 그러나 그 중에서도 호화로운 장식을 한 은으로 된 사리함 안에 안치된 오래되고 아름다운 부처의 상은 조용하면서도 단려하여 다른 불상과는 동떨어진 취향을 지니고 있었다. 이 불상은 한 덩어리의 수정을 조각해서 만든 것이었다. 내가 내민 촛불이 이 투명한 수정체를 통하여 오색찬란한 빛을 발했다. 이 많은 완성자인 불타의 모습을 재현한 불상 가운데서 이 수정 불상이야말로 내가 잊지 못하는 한 점의 티도 없이 해탈解脫의 참모습을 표현한 유일한 것이었다.

여기저기 할 것 없이 어느 곳에나 승려들과 어린 중과 막일꾼이 득실거리고 있었다. 하나같이 그들은 나에게 장엄한 놋쟁반과 은쟁반을 내밀었다. 이리하여 결국 나는 서른 몇 장의 지폐를 이들에게 바치고 말았다. 그러나 나는 거의 무의식적인 상태에서 꿈꾸는 듯한 기분으로 시주를 베풀고, 승려들에게 질문을 던졌다.

나는 이 비천한 중들에게는 아무 존경심도 우러나지 않았으며, 수많은 불상이나 상자들, 그리고 가소로운 황금과 상아 백단목과 은을 경멸하였다. 그러나 선량하고 온순한 인도의 여러 민족에 대해서는 깊은 동정심을 느꼈다. 그들은 이곳에서 여러 세기에 걸쳐 순결하고 티 없는 하나의 종교를 왜곡하고 희화화하였으며, 그 대가로 의지할 곳 없는 신앙, 어리석게도 진심에서 우러나온 기도와 희생, 감격하여 방황하는 인간의 우매함과 천진함, 이것들을 미끼로 하여 하나의 거창한 성전聖殿을 세웠던 것이다. 그들은 우매한 중에도 이해할 수 있는 부처의 가르침 가운데 약하고 맹목적인 유물, 이것을 그들은 받들고 지키고 신성시하고 자기네 나름대로 꾸며왔다. 그리고 그곳에 공물을 바치고 값비싼 불상을 시주하는 것이었다. 우리네 현명한 정신적인 서구인들은 이것에 대하여 어떻게 생각하면 좋을까? 우리들은 부처의 원천에, 그리고 모든 인식의 원천에 그들보다는 훨씬 가까운 곳에 있는 것이 아닐까?

나는 계속 제단과 원주圓柱 옆을 끌려다녔다. 여기저기서 많은 황금과 홍옥紅玉, 그리고 해묵은 은 조각이 눈부신 광채를 발하고 있었다. 사원에 보관된 무진장한 보물에 비해서 중들과 어린 중들의 비루함, 나무상자와 유리그릇의 초라함, 조명의 빈약함 등이 이상스런 대조를 이루고 있었다. 중들은 이 사원에 있는 오래된 경전을 나에게 보여주었다. 은박을 입혀 훌륭하게 장정한 그 경전은 범어와 팔리어(pāli 語: 인도 유럽 어족의 인도이란파의 인도어. 고대 인도의 속어로 범어와 계통이 같음. 팔리는 선線 규범의 뜻)로 되어 있었다. 아마도 이 경문을 이 절간의 중들은 읽지 못할 것이다. 그들이 시주의 대가로 종려나무 잎에 써 준 문구는 훌륭한 잠언이나 이름이 아니었으며, 날짜와 지명에 지나지 않았다. 다시 말해서 그것은 무미건조하고 정떨어지는 영수증이었다.

마지막으로 부처의 신성한 치아가 보관된 사리 제단과 그 안에 보관된 사리함을 나에게 보여주었다. 이러한 것들은 모두 유럽에도 있는 것들이었다. 시주를 바치고서 나는 앞으로 나아갔다. 실론의 불교는 사진촬영과 여러 가지 잡문雜文꺼리로서는 훌륭했으나 그 이상은 아니었고, 단지 의지할 곳 없는 인간의 번민이 그의 어려움과 정신상의 결함을 나타내는 감동적이고 그로테스크한 여러 형식 중의 하나에 불과했다.

이번에는 뜻밖에 바깥 어둠 속으로 끌려 나갔다. 기분 좋은 어둠 속에서 비는 여전히 쏟아지고 있었다. 나의 발길을 비춰주는 젊은이의 촛불이 신성한 거북의 연못에 어른거렸다. 어둠 속에서 장님인 양 이리저리 끌리던 나는 계단을 급히 두서너 단 내려가서는 비에 젖은 잔디를 지나서 밖으로 나왔다. 그러자 갑자기 우리들의 눈앞에는 두 번째로 작은 암자로 통하는 사각문이 불빛을 받고 나타났다.

나는 안으로 들어서서 공양화供養花를 바쳤다. 그러고는 떠밀리다시피 하여 안쪽 문으로 나아갔다. 몇 발자국 떨어진 바로 눈앞의 벽에 거대한 부처의 와상臥像이 나타났다. 나는 놀라서 눈을 크게 뜨고 쳐다보았다. 이 불상은 높이가 5.4미터로서 화강암으로 만들어졌으며, 붉은색과 황색으로 우중충하게 채색되어 있었다. 이 모든 매끄러운 형체의 공허한 석상에서 어찌 그와 같은 훌륭한 이념이 광채를 낼 수 있는지 매우 기이하였다. 그 불상의 얼굴에 나타난 주름살 없는 온화한 매끄러움이 말이다.

이것으로 참배는 끝났다. 나는 다시 빗속에 서서 이 암자의 안내인과 촛불잡이와 중들에게 사례를 하지 않을 수 없었다. 그러나 가진 돈은 이미 바닥이 났다. 시계를 보니 놀랍게도 사원 안에서 소비한 시간은 불과 20분에 지나지 않았다. 나는 급히 달려 호텔로 돌아왔다. 나의 뒤에는 사원의 채권자들이 작은 무리를 이루어 나를 따르고 있었다. 호텔 프런트에서 돈을 빌려 그들에게 나누어 주었다. 그 돈의 위력 앞에서 승려와 안내인과 촛불잡이 젊은이들이 하나같이 머리를 숙였다. 나는 온몸에 오한을 느끼며 여러 개의 계단을 올라 내 방으로 돌아왔다.

페드로탈라갈라 산

출발을 앞둔 어느 날, 나는 조용한 가운데 인도와 아름답고 품위있는 작별을 고하기 위해 혼자서 서늘하게 비가 내리는 상쾌한 아침에 실론의 최고봉인 페드로탈라갈라 산에 올랐다. 영국식 측량법으로는 그 높이가 대단했으나 실은 2천5백 미터를 조금 넘을 정도였으며, 그 산에 오르는 것은 산책하는 것과 다를 바가 없었다.

누델리아의 서늘하고 푸른 협곡이 빗속에서 은빛으로 가로놓여 있었다. 골진 함석지붕과 호화로운 테니스 코트와 골프장은 전형적인 영국·인도식 풍경이었다. 실론 인들은 자신들의 초막집 앞에 웅크리고 앉아서 이를 잡거나 모피 두건을 털었다.

쉬바르쯔발트를 연상시키는 경치가 펼쳐져 있었다. 오랜 시간이 흐르도록 나의 눈에 띈 생물이라고는 몇 마리 새와 어떤 집 울타리 안에 있던 독기어린 녹색 카멜레온 한 마리뿐이었다. 곤충을 잡을 때의 그 악랄한 카멜레온의 동작을 나는 오래도록 관찰하였다.

산길은 작은 골짜기를 누비며 위로 뻗어 있었다. 몇 채의 지붕도 나의 시야에서 사라졌으며 발아래는 험준한 물결이 소리내며 흐르고 있었다. 좁고 가파른 산길은 족히 한 시간 가량 메마른 총림과 성가신 모기떼를 헤치며 줄곧 위를 향해 뻗어 있었다. 산모퉁이에서 간간이 전망이 트이기도 하였으나 여전히 호수와 호텔이 있는, 아름답기는 하나 약간 지루한 골짜기가 보일 뿐이었다. 비는 차츰 멎기 시작하였다. 서늘한 바람이 일기 시작했고 이따금 햇빛이 비치기도 하였다.

앞산을 다 올랐을 때 길은 탄력 있는 습지와 몇 채의 아름다운 개울을 지나 뻗어 있었다. 이곳에는 석남화石南花가 나의 고국에서보다는 훨씬 무성하여 사람의 키 세 배 정도로 자라서 나무처럼 되어 있었다. 모피처럼 빛나는 하얀 잎은 에델바이스와 꼭 닮았다. 이곳에서 나는 고국의 숲 속에서 피는 여러 꽃들을 발견했는데, 모두 이상스레 크게 자라서 마치 고산식물처럼 보였다. 그러나 이러한 나무들은 서로의 거리에는 아랑곳없이 풍성한 잎을 마음껏 뻗고 있었다.

드디어 나는 정상 근처까지 올라왔다. 여기서부터 길은 갑자기 절벽을 이루었으며, 나는 숲 속에 깊이 파묻혀 버렸다. 기이하게도 죽은 것 같은 환상적인 숲 속에, 그 속에는 뱀처럼 구불구불하게 자란 나무줄기와 나뭇가지가 길고도 투박한 흰 이끼 수염을 달고서 나를 맹목적으로 응시하고 있었고, 축축하고 쓸쓸한 나뭇잎 냄새와 안개 냄새가 배어 있었다.

이 모든 것은 분명히 아름다웠지만 내가 남몰래 생각하고 있던 것과는 달랐다. 나는 일찍이 내가 인도에서 체험한 여러 가지 환멸에 오늘 또다시 다른 환멸을 덧붙이는 결과가 되지 않을까 두려웠다. 그러나 잠시 후 숲은 끝나고 나는 땀을 흘리고 급한 숨을 몰아쉬며 회색 오시안 풍風의 광야로 나왔다. 그러자 눈앞에 조그마한 석탑형 피라미드가 있는, 풀 한 포기 없는 산꼭대기가 나타났다. 거칠고 차가운 바람이 불어왔기 때문에 나는 외투를 걸치고서 천천히 마지막 백 보 가량의 산길을 올랐다.

정상에서 내가 본 것은 인도 풍경으로서는 전형적인 것이라고 할 수 없었지만, 그것은 내가 실론에서 받은 인상 가운데서 최대의 것이었으며, 가장 순수한 것이었다. 방금 지나간 바람이 루렐리아의 널따란 협곡을 씻을 듯 몰아갔다. 그러자 태고의 성봉聖峰 아담스, 꼭대기의 아름다운 피라미드를 중심으로 하여 실론의 태산준령이 짙푸른 빛을 띠고 거인처럼 우뚝우뚝 솟아 있었다. 그 곁에는 한없이 멀고 깊은 곳에 거울 같은 바다가 짙푸르게 펼쳐져 있었으며, 그 사이에는 수많은 산들과 넓고 좁은 계곡들, 강물과 폭포 등이 있고, 섬 전체가 천천히 산으로 둘러싸여 있었다. 옛날 전설에 의하면 이 섬은 낙원으로 생각되었다는 것이다. 발아래 깊숙한 곳에는 커다란 구름더미가 골짜기 하나 하나를 지나가며 뇌성벽력을 치고 있었다. 등 뒤에서는 검푸른 계곡에서 소용돌이치는 안개가 피어오르고 있었다. 그리고 이 모든 것들 위에 차가운 산바람이 마구 스치고 지나갔다. 먼 곳이건 가까운 곳이건 이 축축한 바람에 씻겨져 있었으며, 남국 특유의 풍부한 색채를 만끽하여 마치 이 땅이 진정 낙원이고 지금 당장에라도 구름에 싸인 푸른 산으로부터 위대하고도 강한 그 최초의 인간이 골짜기를 내려갈 것 같은 느낌이 들었다.

내게 있어서 이 원초적인 경치는 내가 지금껏 인도에서 보았던 어떤 곳보다도 강한 호소력을 지니고 있었다. 종려나무와 극락조極樂鳥, 논과 부유한 연안 도시의 사원들, 열대의 저지대에 있는 비옥하며 구수한 내음을 풍기는 골짜기들, 이 모든 것, 그리고 원시림마저도 아름답고 매력적이었다. 그러나 나에게는 이 모든 것들이 서먹서먹하고 이상스럽게 여겨질 뿐, 결코 친숙하고 쾌적한 것이 되지는 못하였다. 산정에서 흘러오는 차가운 공기와 험준한 고산에서 피어나는 구름 속에 서 있을 때, 내 뇌리를 스쳐간 것은 우리들의 본질과 우리들의 북방문화는 전적으로 보다 더 거칠고 보다 더 빈곤한 나라들에 그 뿌리를 박고 있다는 사실이었다. 우리들은 고향에 대한 고맙고 어렴풋한 예감에 사로잡혀, 여기 동방을, 그리고 남쪽 나라를 동경하며 찾아오는 것이다. 그리하여 여기에서 낙원을 찾아내고 넘쳐흐르는 자연의 은혜에 접하여 소박하고 단순한 어린이 같은 낙원 사람들과 마주치는 것이다. 그러나 우리들은 다르다. 우리들은 이곳 사람이 아니다. 우리들은 시민권을 갖고 있지 않다. 우리들은 이미 옛날에 낙원을 상실하였다. 그러나 지금 우리가 갖고자 하고 건설하고자 하는 새로운 낙원은 적도赤道에 접해 있지도 않으며, 동방의 따뜻한 바닷가에도 있지 않다. 그것은 오직 우리들의 마음속에, 우리들 자신의 북극적인 미래 속에 자리잡고 있다.

귀 로

또다시 나는 몇 날 며칠 밤을, 그리고 몇 주일 동안을 검푸른 대해 위에서 항해했다. 좁디좁은 선실 안에서 하루 하루를 보내며 저녁에는 몇 시간 동안 기선의 난간에 기대서는 망막한 검푸른 해면이 저녁 햇살을 받아 번쩍이는 것을 지켜보았다. 그리고 녹색으로 바뀐 저녁하늘에 기이하게도 위치가 바뀐 별들의 반짝임과 검은 밤하늘에 싸늘한 빛을 던지고 있는 초생달이 마치 보트처럼 수평으로 떠있는 것을 보았다. 영국인들은 갑판 의자에 걸터앉아서 해묵은 영국 정치와 평론 따위를 뒤적이고 있었다. 독일 사람들은 끽연실에서 가죽으로 만든 주사위통을 흔들며 주사위놀이를 하고 있었는데, 나도 가끔 그들과 어울렸다. 갑판 위에서는 가끔 침묵과 긴장이 감돌곤 했다. 호놀룰루 출신의 건장한 몸집의 흑갈색 호랑이 같은 부인이 지나갈 때마다 침묵과 긴장이 감돌곤 했다. 그녀는 왕성한 생활력과 동물적인 자신감에 넘쳐 몸을 이리저리 흔들면서 탄력있는 걸음걸이로 성큼성큼 걸어 다녔다. 누구도 그녀에게서 사랑을 느낄 수 없었으며, 그녀를 힘으로 상대할 수도 없었다. 아름답긴 하지만 손을 댈 수 없는 사나운 자연현상. 이를테면 뇌우가 지진을 대하듯 먼발치로 그녀를 바라볼 뿐이었다. 그리고 우리들 가운데 많은 사람들은 키가 거의 2미터나 되는 날씬하고 화사한 영국 아가씨에게 호감을 갖고 있었다. 그녀는 어린아이처럼 천진스러운 얼굴을 하고 있었으며, 웃을 때는 마치 천사와도 같았다. 그녀는 중국에 있는 친척을 방문하고 블라디보스토크를 거쳐 왔으며, 지금은 수에즈운하를 경유하여 귀국 도상에 있었다. 낮에는 수수하고 실용적이면서도 세련된 여행복을 입고 있었으나, 밤이면 대단한 성장盛裝을 하였다. 그녀는 분명히 지구상의 모든 바다와 나라들을 돌아다니며 자신이 지닌 귀염성을 사방에 뿌리며 즐거운 청춘을 보내고 있었다.

  나의 소망과 나의 생각은 이미 고향에 가 있었다. 그럼에도 불구하고 그 고향은 한없이 멀고 거의 비현실적인 것인 양 여겨졌고, 한편 최근에 겪은 그 많은 인상들은 생생한 신선미를 지닌 채 나를 에워싸는 것이었다. 내가 겪고 목격한 것들을 곰곰 생각해 보면, 사실 '이국적'인 것이란 거의 없던 것처럼 여겨졌다. 대부분의 것들은 순수하고 인간적인 것이었고, 그 낯선 인상을 통해서가 아니라 나 자신과 모든 인간의 공통된 본질을 통해서 나에게는 없어서는 안 될 중요하고 사랑스러운 것이 되어버렸다.

지금 끊임없이 생생하게 나에게로 다가오는 이국적인 영상映像은 하얀 모래사장과 어부들의 황색 움막집이 늘어선 페낭의 종려나무 우거진 바닷가였으며, 해변 도시와 말라이 주도시에 있는 파란 조명이 반짝이는 중국인 거리, 말레이 해도에 있는 구릉으로 이룩된 무수한 섬들, 원시림의 원숭이 떼, 그리고 악어가 득실거리는 수마트라의 강들이었다. 이러한 인상 중에서 가장 나중의 것은 누와라 엘리아의 위쪽 부분이었다. 그곳은 모든 것이 거의 고국의 정취를 닮아 단조롭고 황량하고 우중충했으며, 사원도 없었고 종려나무도 없었다. 그러나 내가 맨 처음 산책길에 올랐을 때 나에게 갑자기 말을 건넨 것은 한 송이 아름다운 하얀 꽃이었다. 그것은 어린 시절 나의 가슴에 새겨진 이래 이 지구상의 어떠한 바다나 산도 나에게 줄 수 없는 것이었다. 그 꽃은 그 먼 옛날의 강한 인상을 안겨 주었던 것이다. 이국의 산하가 주는 새롭고도 피상적인 인상 속에서 몇 주일을 보낸 후 나는 이 한 송이 꽃을 통해서 내 마음 속 깊이 감추어져 있던 추억을 불러일으킬 수 있었다. 곁으로 다가가서 자세히 살펴보았을 때에 나는 곧 그것이 어린 시절 어머니 방에 피어 있던 커다란 꽃받침을 지닌 석남石南꽃과 같은 것임을 알았다. 다시 몇 발자국 발길을 옮겼을 때, 쉬바르츠발트의 아버지 집에서 진귀한 꽃으로 사랑을 받고 있던 것과 똑같은 큰 꽃받침의 꽃들이 고향의 사원에 피어 있는 민들레처럼 수백, 수천 송이가 뒤섞여 어지럽게 피어 있었다. 그것은 정말이지 아름답고 풍성했다. 일찍이 내 어머니가 자랑으로 여기고 정성을 다하여 가꾸었던 이 꽃이 이곳 실론에서는 한낱 이름 없는 잡초로 천대를 받으며 자라고 있는 것을 보았을 때 나는 그다지 유쾌한 기분은 아니었다.

지루하고 긴 선상 생활 중에서 가장 아름답고 인상 깊었던 것은 아마도 북쪽에서 바라본 소코트리 섬이었을 것이다. 그 섬은 무색의 죽어있는 듯한 모래 언덕과 까마득한 절벽이 있는 황량한 석회의 연산으로 이루어졌다. 그 다음으로는 칼라브리엔의 남단을 들 수 있는데, 그곳에는 험악한 암산 위에 자리잡은 천고의 외로운 도시가 있었다. 고상한 윤곽을 드러내며 부드러운 장밋빛을 띠고 있는 시나이 산 연봉連峯과 이집트의 대기를 가득히 머금은 수에즈 운하도 이번 귀로에서 잊을 수 없는 인상을 나에게 안겨 주었다.

이런 모든 아름다운 모습들보다도 더욱 내 마음에 깊이 새겨진 것은 하잘것없는 인간적인 풍속들이었다. 주인의 침실 앞 마룻바닥에 얄따란 가죽자리를 깔고 잠이 들어 있는, 깡마르고 말없는 중국인 하인, 그는 사소한 일로 한밤중에 주인이 고함을 지르면 곤한 잠에서 깨어나지 않으면 안 된다. 그 는 피곤한 머리를 이리저리 흔들며 잠깐 동안 눈을 깜박이다가 눈치 빠르고 참을성 있는 갈색 눈을 떠야 한다. 그러고는 정신을 가다듬고서 체념한 듯이 몸을 일으키며 공손히 나직한 목소리로 "투안!" 하고 부르는 것이었다.

바탕 하리 강가의 숲 속에서 노동자를 부리는 십장도 역시 내 기억에서 사라지지 않는다. 그는 귀족 출신으로 오랜 왕가의 혈통을 이어받았으며 깡마른 체구에 수심이 가득한 아름다운 눈을 지니고 있었다. 어느 날 저녁, 그가 조용히 우리들이 있는 베란다로 다가와서는 들고 온 랜턴을 끄고서 주인을 찾는 모습을 본 적이 있었다. 그의 태도에서는 고국의 세련된 귀족 출신의 장교들에게서도 찾아보기 힘든 당당한 기풍을 엿볼 수 있었다.

그 다음으로는 원시림이 가득한 마을에 거주하는 흑인 아이들이다. 그들은 우리들의 배가 부두에 닿는 것을 호기심어린 표정으로 바라보는 것이었다. 그러다가 우리가 일단 배에서 내려서면 혼비백산하여 조그마한 동물들처럼 숲속으로 사라지는 것이었다.

그리고 중국인 거리에서 저녁 무렵 쌍쌍이 산책하는 젊은이들의 모습을 보는 것은 정말로 아름다웠다. 그들은 예쁜 갈색 눈과 명랑하고 지성적인 용모를 지니고 있었는데, 검정 아니면 흰옷을 입고 있었으며, 작고 깨끗한 손을 갖고 있었다. 왼쪽 손이 친구의 오른손을 가볍게 잡거나, 아니면 친구의 어깨에 팔을 걸치고서 서로 즐겁게 담소하며 조용히 걷고 있었다.

그리고 도서 지방 도처에서 볼 수 있는 마음씨 착한 아름다운 말레이 인들, 그들은 네덜란드의 엄한 식민정책에 순응하며 살아가고 있다. 실론 주민들도 온순하고 순박하다. 그들은 꾸지람을 받으면 아이처럼 슬픈 표정을 짓고서 시키는 일에 모든 열정을 다하였으며, 우스개 말이라도 한 마디 건네면 만면에 웃음을 띠고 티없이 웃는 것이었다. 그들 역시 한결같이 아름답고 슬픈 눈동자를 지니고 있었으며, 감격하기 쉬운 그들의 마음씨 속에는 야성적인 소박함과 무분별의 잔재가 깃들어 있었다. 그들은 먹는 것에 대한 중요한 일과를 잊어버리기도 하며, 장난 도중에 발끈 화를 내며 마침내 칼부림까지 벌이는 일도 있지만, 정말 중요한 일에 대해서는 지나치게 비겁해지기도 한다. 누델리아에서 내가 목격한 한 노동자는 건축 현장에서 쫓겨나고 십장에게 붙잡혀 여러 차례 매를 맞곤 하였다. 그는 어떤 잘못을 저질러 벌을 받고 있었지만, 그러나 쫓겨나는 일만은 결코 감수할 수 없다면서 한사코 일자리에 남겠다는 것이었다. 그는 이처럼 일과 빵, 그리고 명예와 친구를 잃지 않으려고 안간힘을 다하였다. 이 건장한 젊은이는 저항도 하지 않고 발길에 채이고 몽둥이로 얻어맞았으나, 점차 이 폭력에 견디지 못하여 마침내는 상처 입은 짐승처럼 울부짖으며 검은 얼굴에 비 오듯 눈물을 흘리는 것이었다.

이러한 인간들이 한결같이 어떤 믿음을 위해서 움직이고 있는 것을 보았을 때, 나는 그 광경이 아름답게도 여겨졌으며, 한편 깊이 생각할 바가 있는 것 같이도 여겨졌다. 힌두교도나 이슬람교도, 불교도 할 것 없이 그들은 모두 그들의 신앙을 돈독히 했다. 도시의 부유한 부동산 소유주에서부터 미천한 노동자와 천민에 이르기까지 모두 그들의 종교를 가지고 있었다. 그들의 종교는 값싸고 타락한 것으로 외면적이고 조잡한 것이긴 하였으나, 태양이나 대기와 같이 도처에 편재하고 있었으며, 매우 강한 힘을 지니고 있었다. 종교는 또한 생명의 물결이었고 마술적인 분위기를 갖고 있었다. 이것은 바로 우리들 서구인이 이 가련한 노예 백성들에게서 진실로 부러워하는 유일한 것이다. 우리들 북부 유럽 인이 이지적이고 개인적인 문화를 누리면서 단지 드물게, 이를테면 바하의 음악을 들을 때나 느끼는, 어떤 정신적인 집단에 속하여, 고갈되지 않는 마술의 원천에서 힘을 길러내는 것과 같은 몰아沒我의 감정을 이슬람교도는 저 먼 세계의 한구석에서 저녁마다 예배하고 기도하며, 불교도는 싸늘한 법당 마룻바닥에서 날마다 불공을 드리면서 그 감정을 체험한다. 만약 우리가 한층 높은 형식으로 다시 이것을 획득하지 못한다면 우리들 유럽인은 다시는 동양에 대해서 아무런 권리도 갖지 못하게 되리라.

국수적인 감정과 자기 종족을 엄격하게 다루는 것으로 일종의 대용代用 종교를 갖고 있는 영국인들이 해외에서 실권을 장악하고 문화적인 가치를 획득한 유일한 서구인이 되었는데, 이는 어쩔 수 없는 일일 것이다.

배는 쉴새없이 항해하고 있었다. 그저께만 하더라도 아시아의 뙤약볕이 갑판 위를 사정없이 내려쬐어 우리들은 엷은 흰옷으로 몸을 가리고서 얼음에 채운 음료수를 마셨는데, 지금은 벌써 유럽의 겨울 날씨에 들어섰다. 유럽의 겨울 날씨는 포트사이드를 지나자 곧 냉기와 소낙비로 우리를 맞이하였다. 이리하여 동양의 섬들의 작열하는 해변과 싱가포르의 타는 듯한 정오는 우리의 추억에서 더욱더 그 광채를 더해 가겠지. 그러나 이 모든 것도 나에게 있어서는 인도인과 말레이 인, 그리고 중국인과 일본인으로부터 얻은, 모든 인간의 본질을 하나로 묶어주는 강렬한 감정과, 이 모든 인간의 본질은 가까운 친척 관계에 있다고 하는 강렬한 감정보다 더 사랑스럽고 가치 있는 것은 없을 것이다.

연보

1877년 7월 2일 남부 독일 칼브에서 태어남.
1881년 스위스의 바젤로 이주함.
1890년 라틴 어 학교에 입학함.
1891년 어려운 주州 시험을 통과하고 마울브론의 신학교에 들어감.
1893년 칸슈타르 고교를 중퇴함.
1895년 서점 견습 점원이 됨.
1899년 처녀시집 《낭만적인 노래(Romantische Lieder)》와 산문집 《자정 이후의 한 시간(Eine Stunde hinter Mitternacht)》을 발간함.
1901년 시문집 《헤르만 라우셔(Hermann Lauscher)》를 내어 시인 부세의 주목을 끎.
1902년 《시집(Gedichte)》을 어머니에게 헌정했으나, 어머니는 출판 직전에 별세함.
1904년 최초의 장편소설 《페터 카멘친트(Peter Camenzind)》로 일약 인기 작가가 됨. 9세 연상인 피아니스트 마리아 베르누이와 결혼함.
1906년 제2의 장편소설인 《수레바퀴 아래서(Unterm Rad)》를 발표함.
1907년 소설집 《이 세상 이야기(Diesseits)》를 발간함.
1908년 《이웃 사람(Nachbarn)》을 발간함.
1910년 《게르트루트(Gertrud)》를 발간. 방랑벽이 심한 그와 피아니스트인 아내와의 불화로 인도 지방으로 여행함. 귀국 후 스위스 베른으로 이주함.

1911년 시집 《도상(途上, Unterwegs)》을 발간함.
1912년 《우회로(迂廻路, Umwege)》를 발간함.
1913년 〈로스할데(Roßhalde)〉를 씀. 이 작품에 그려진 예술가의 결혼 생활의 파국은 마침내 헤세 자신의 현실이 되었다. 제1차 세계대전 때 반전주의자로 지목받아 국적을 스위스로 옮겼으며, 같은 입장에 있던 R. 롤랑과 친교를 맺음.
1915년 서정적인 방랑자의 이야기 《크눌프(Knulp)》와 시집 《고독자의 음악(Musik des Einsamen)》을 발간. 전쟁의 체험과 정신병이 악화된 아내와의 이별 등은 헤세의 작품 경향을 일변시켰음.
1919년 정신 분석 연구로 자기 탐구의 길을 개척한 대표작인 《데미안(Demian)》을 발간함.
1922년 《싯다르타(Siddhartha)》와 〈내면에의 길(Weg nach Innen)〉에서 불교적 해탈의 비밀을 추구하였음.
1927년 《황야의 이리(Der Steppenwolf)》를 발표. 이 작품은 내외의 분열과 고뇌를 그린 《데미안》과 일관되어 있음.
1928년 에세이집 《관찰(Betrachtungen)》을 발간함.
1929년 시집 《밤의 위안(Trost der Nacht)》을 발간함.
1930년 스위스에 있으면서 《지(知)와 사랑(Narziss und Goldmund)》을 발표. 이 작품은 신학자로서 지성의 세계에 사는 나르치스와, 여성을 알고 애욕에 눈이 어두워진 골드문트와의 우정의 역사를 다룬 것임.
1933년 소설집 《작은 세계(Kleine Welt)》를 발간함.
1942년 《시집(Die Gedichte)》을 발간함.
1943년 20세기의 문명 비판서라 할 수 있는 미래 소설 《유리알 유희(Das Glasperlenspiel)》를 발표함.
1945년 시선집 《꽃 피는 가지(Der Blütenzweig)》를 발간함.

1946년 괴테상과 노벨 문학상 수상. 《전쟁과 평화(Krieg und Frieden)》를 발간함.
1951년 《만년의 산문(Späte)》을 발간함.
1954년 《헤세와 로망 롤랑의 왕복 서한》을 발간함.
1955년 《악마를 부름(Beschwörungen)》을 발간함.
1962년 8월 9일 사망함.

옮긴이 소개

서울대 독문학과 졸업.
독일 뮌헨에서 독어독문학 연구.
한국 독어독문학회 부회장, 서울대 인문대학장보,
독어독문학과장 역임. 서울대 명예교수.
역서로《파우스트》,《넙치》,《양철북》,《젊은이의 변모》,
《변신·유형지에서》,《유리알 유희》,《성》,《심판》,
《어느 투쟁의 기록》,《밀레나에게 보내는 편지》등이 있음.

아름다워라 청춘이여

1982년	5월	10일	초판 1쇄	발행
1993년	11월	10일	초판 6쇄	발행
2005년	12월	15일	2판 1쇄	발행
2013년	6월	15일	2판 2쇄	발행

지은이 헤르만 헤세
옮긴이 박 환 덕
펴낸이 윤 형 두
펴낸데 범 우 사

등 록 1966. 8. 3 제 406-2003-048호
413-756 경기도 파주시 교하읍 문발리 525-2
대 표 (031)955-6900~4/Fax (031)955-6905

* 책값은 뒤표지에 있습니다.
* 파본은 교환해 드립니다.

교정·편집 / 김영석·장웅진

ISBN 89-08-03330-0 04850
  89-08-03202-9 (세트)

(홈페이지) http://www.bumwoosa.co.kr
(E-mail) bumwoosa@chol.com